MARGOT SCHUBERT/
WOLFGANG BLAICHER

1 x 1 der Hydrokultur

BLV GARTEN- UND BLUMENPRAXIS

Die Deutsche Bibliothek –
CIP-Einheitsaufnahme

1 × 1 der Hydrokultur / Margot Schubert ;
Wolfgang Blaicher. – 8., durchges. Aufl. –
(Neuausg.). – München ; Wien ; Zürich :
BLV, 1998
  (BLV Garten- und Blumenpraxis)
  ISBN 3-405-15339-5

8., durchgesehene Auflage
(Neuausgabe)

**BLV Verlagsgesellschaft mbH,
München Wien Zürich**

80797 München

BLV Garten- und Blumenpraxis
© BLV Verlagsgesellschaft mbH,
München 1998

Einbandgestaltung: Studio Schübel,
München

Gesamtherstellung: R. Oldenbourg,
München

Gedruckt auf chlorfrei gebleichtem Papier
Printed in Germany · ISBN 3-405-15339-5

Inhalt

8 **Von der Erdkultur zur Hydrokultur**

Praktische Vorrede 8
Warum mögen wir
Hydrokultur? 10
Begleitpflanzen-Elend 12

14 **Wachstumsfaktoren**

18 **Hydrogefäße klein und groß**

Zuerst kommt der Kulturtopf 18
Der Blick auf die Hydrogefäße 19

24 **Zubehör soll weiterhelfen**

Der Wasserstandsanzeiger 24
Wand- und Ampelhänger 28
Das Bodenthermometer 29

30 **Neuer Weg:
Der HYDRO-TANK**

36 **Blähton, das Kultursubstrat**

LECATON und LECADAN 36

40 **Aus Wasser wird
Nährlösung**

Und nun zum
Ionenaustauscher! 42

46 **Hydropflanzen
selbst umgestellt**

Risiko als Hobby? 46
Fehlerquellen 47
Die Umstellung 47

52 **Unsere Pflanzenauswahl**

Robustes in Grün 52
Die echten Blütenpflanzen 64
Die geliebten Kakteen 72
Die »anderen Sukkulenten« 76
Zwiebelblumen überzeugen 82
Orchideen – nur etwas für
Kenner? 84
Weitere gute Hydro-Pflanzen 87

88 **Die laufende Pflege**

Wasserfragen und
kein Ende ... 94
Einfacher: LEWATIT HD 5 96
Rückschnitt 97
Winterpflege 98
Licht und Kunstlicht 100

102 **Neue HYDRO-TANK-Praxis**

Anzuchtbeete mit »Tank-
stelle« 104
Küchenkräuter und
Gemüse 105

106 **Hydro-Kinderstube:
Vermehrung**

115 **Hydrokultur im Freien**

116 **Es geht nicht ohne
Pflanzenschutz**

122 **Die leidigen Kulturfehler**

124 **Bezugsquellen/Adressen
für Rat und Hilfe**

125 **Register**

Vorwort

Hiermit liegt nun die achte Auflage unseres Titels »1 × 1 der Hydrokultur« vor. Man sieht daraus – ebenso wie aus immer wieder eintreffenden Leserzuschriften voller Zustimmung –, wie gern solche gezielt für den Hausgebrauch bestimmte Wort-Bild-Information von den Hydrofreunden nach wie vor aufgenommen wird.

Die Hydrokultur findet man heute gut präsentiert in Gartencentern. In privaten Haushalten spielt sie zwar eine beschränkte Rolle, hat aber bei Liebhabern ihren festen Platz. Sehr häufig findet man sie in Büros und öffentlichen Gebäuden – manchmal ist sie dort aber eher ein negatives Beispiel. Gerade dies zeigt, daß kompetentes Wissen und eine gute Information Grundlage für eine erfolgreiche Erdelose Pflanzenpflege sind.

Allerdings muß festgestellt werden, daß der positiven Fortentwicklung unseres an sich so zukunftsträchtigen, nach vielen Seiten offenen Spezialgebietes leider beträchtliche Einwendungen aus dem Publikum entgegenstehen. So hatte eine sehr eindrucksvolle Befragung von zuständiger Seite ergeben, daß die alten Einwände gegenüber leichtfertigen Werbeversprechungen, Mängel beim Zubehör und ungenügende Beratung keineswegs geringer geworden sind. Mehr denn je ist es also notwendig, diesen »Schadstellen« mit zuverlässiger Beratung entgegenzutreten und die unverkennbar großen positiven Seiten hervorzuheben.

Hier sprechen eigentlich die Bilder überzeugend genug, daß Hydrokultur die beste Grundlage für jahrelange Verbundenheit mit den grünen Freunden ist. Ebenso: daß diese grünen Freunde sich bereitwillig immer wieder auch mit Blüten schmücken – und dies meist besser als in der Erde.

Die allgemeine Leidenschaft für das Heranziehen selbst ungewöhnlichster Pflanzen aus Samen wird nirgends besser praktiziert als in Hydrokultur, wobei das reiche Gebiet der ganzjährig immer neu keimenden und zum Verzehr verlokkenden Würzkräuter nicht vergessen sei. Das vielbewährte HYDRO-TANK-System Dr. Blaicher hat sich bei dem lebhaften Trend zur Hydrokultur im Freien eine besondere Position erworben.

Möge dieses Büchlein nach wie vor ein nützlicher Ratgeber für alle Freunde der Hydrokultur sein.

◀ LUWASA schuf dieses rustikale Rundgefäß mit Holzfüßen.

Von der Erdkultur zur Hydrokultur

Praktische Vorrede

Auch ein kleines Buch braucht so etwas wie eine Einleitung. Denn bei allem praktischen Eifer will man doch schließlich ein bißchen wissen Wie und Wo. Und weshalb man überhaupt darauf gekommen ist, der treuen Mutter Erde seit etwa hundert Jahren für bestimmte Bereiche der Pflanzenzucht und Pflanzenpflege so einfach den Rücken zu kehren.

Die Vorgeschichte der Hydrokultur reicht weit zurück bis zu Aristoteles, der immerhin rund 350 Jahre vor Christus gelebt hat.

Aber es war eben durch fast zwei Jahrtausende immer nur Vorgeschichte und spärliche Weiterentwicklung als Nebenprodukt. Denn die Gelehrten im europäischen Raum suchten ganz andere Dinge als eine Möglichkeit, Pflanzen ohne Erde, nur mit einer Nährlösung, wachsen und blühen zu lassen ...

Selbst Justus von Liebig, der um 1840 mit seiner »Agrikulturchemie« den einwandfrei mineralischen Charakter der Pflanzennahrung erkannte, tat noch nicht den letzten Schritt, die für unsere heutige Sicht naheliegenden praktischen Folgerungen aus diesen Erkenntnissen zu ziehen.

Dies blieb den beiden Professoren Knop und Sachs vorbehalten: Sie stellten um 1860 die sogenannte Knopsche Lösung her.

Darin zog Professor Sachs in Bonn erstmals jene berühmte Maispflanze heran, auf deren Abbildung auch hier an dieser Stelle natürlich nicht verzichtet werden kann. Da ist sie:

Spielte sich dieser Beginn der Entwicklung einwandfrei in deutschen Landen ab, so kamen die nächsten bedeutsamen Anstöße mitten im zweiten Weltkrieg – bei uns noch über ein Jahrzehnt weiterhin kaum bekannt – aus den USA. Dort hatte Professor W. F. Gericke 1940 ein Buch mit dem Titel »Soilless Gardening« (= »Erdeloses Gärtnern«) veröffentlicht. Er nimmt darin Bezug auf Versuche, die schon seit 1929 teils auch unter der Bezeichnung »Hydroponics« in den Staaten liefen. Alles zusammen bildete die Grundlage für die Auswertung jener »Hydroponic Systems«, die zum Anbau von Gemüse auf der als amerikanischer Truppenstützpunkt hochwichtigen Himmelfahrtsinsel mitten im Atlantik, 1300 km nordwestlich von St. Helena, entwickelt wurden.

Viel bestaunte Wirklichkeit: In einem Folien-Kleingewächshaus zieht ein Hydrofreund seit mehreren Jahren Tomaten heran. Sie bringen jeweils überreiche Ernten bestens ausgereifter, besonders aromatischer Früchte. Die Nährstoff-Versorgung erfolgt mit dem 50-Liter-HYDRO-TANK.

Dies alles hätte heute kaum mehr als historische Bedeutung, wenn nicht schon Professor Gericke in seinem Buch genau die gleichen Fragen erörtern würde, um die es uns jetzt für die Zukunft geht.
Nach bald aus Kostengründen gescheiterten Versuchen mit Nutzpflanzen in den fünfziger Jahren galt Hydrokultur bei uns vorab den Zimmerpflanzen. Jetzt aber rücken Nutzpflanzen und Freiland unausweichlich näher (S. 104, S. 115).
Apropos »Hydrokultur«: Es hat allerhand Staub aufgewirbelt, bis dieser Begriff endlich festen Fuß gefaßt hat. Blumenfreunde wissen natürlich genau, was damit gemeint ist, und daß ein sachlicher Unterschied zur überholten Bezeichnung »Hydroponics« nicht mehr besteht. Dennoch gibt es gar so viele Fremdwörter, die mit dem griechischen »Hydro« = Wasser anfangen, daß weniger pflanzenvertraute Menschen bei Befragung nur mit den Achseln zucken. Bei beliebig angesprochenen Straßenpassanten

Von der Erdkultur zur Hydrokultur

wußten unlängst knapp 30% eine annähernd richtige Antwort. Gartenbauliche Veranstaltungen am Ort oder gar eine Bundesgartenschau lassen die Zahl der Wissenden auf 80–95% steigen. Eingefleischte Humanisten stoßen sich auch gelegentlich an dem griechisch-lateinischen Mischwort und meinen: wenn schon, dann solle man wenigstens »Aquakultur« sagen. Sie wissen offenbar nicht, daß dieses Wort laut Duden schon anderweitig als gültiger Fachausdruck belegt ist. Es bedeutet »Anzucht oder Anmästen von Fischen oder die Anlage von Muschelkulturen zwecks intensiver Bewirtschaftung in besonders geeigneten, genau umgrenzten Meeresteilen ...«

Warum mögen wir Hydrokultur?

Da der informative Zweck dieses kleinen Buches klar sein dürfte, wird es wohl Zeit, diese Frage zu stellen. Denn kein Ding auf der Welt besitzt nur positive Eigenschaften. Deshalb muß natürlich auch die Hydrokultur so sachkundig gehandhabt werden, daß ihre Vorzüge überwiegen. Wäre es anders, dann brauchte man ja keine Beratung und keine Bücher, in denen gezeigt werden soll, wie man es richtig macht, damit bei Wahrnehmung aller Erleichterungen der Pflege unsere Hydropflanzen besser gedeihen. Das gibt es näm-

lich, und deshalb mögen immer mehr Leute die Hydrokultur. Auch wenn sie – die bisher nur Zimmerpflanzen in Erde hatten – dafür ein bißchen umlernen müssen. Natürlich hat die seit etwa Mitte der siebziger Jahre begonnene konsequente Entwicklungs- und Forschungsarbeit verschiedenster Stellen große Fortschritte erzielt. Viele technische und biologische Einzelheiten wurden erkannt. Dennoch bleibt für Blumenfreundin und Zimmergärtner noch immer genug zu tun, um Fehlerquellen zu erkennen, sie zu überwinden oder ihnen durch eigene Sachkenntnis auszuweichen. Bald genug wird jeder einsehen, daß man die Hydrokultur im eigenen Heim mehr oder weniger »pflegeleicht« betreiben und vielleicht sogar durch eigene Einfälle bereichern kann.

> Offen sei zugegeben: Unkluges Übergießen ist der größte Feind unserer Hydropflanzen.

Das Problem der unzuverlässigen Wasserstandsanzeiger ist so wenig gelöst wie die ungenügende Form vieler Hydro-Kleingefäße. Das Wissen um die Wurzelfunktion stellt da ganz andere Forderungen. Ein weites Feld liegt also noch vor allen, die sich den Wundern der Hydrokultur und ihren ungeahnten Möglichkeiten verschrieben haben.

Von der Erdkultur zur Hydrokultur

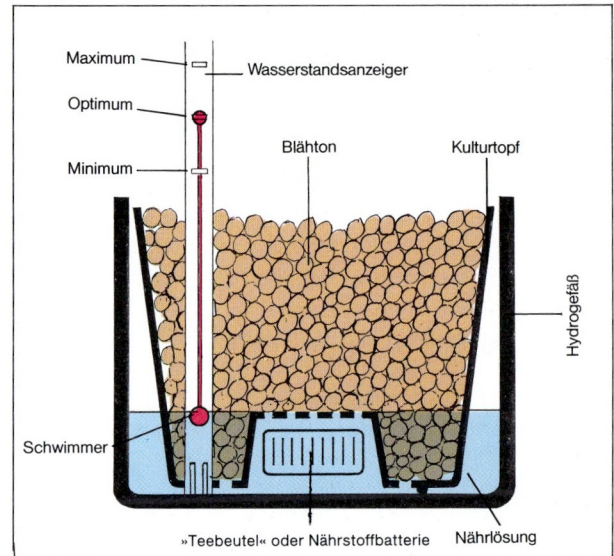

Querschnitt durch
ein Hydro-Gefäß
mit Kulturtopf
und Wasserstands-
anzeiger

Maximum — Wasserstandsanzeiger
Optimum
Minimum — Blähton — Kulturtopf
Hydrogefäß
Schwimmer
»Teebeutel« oder Nährstoffbatterie — Nährlösung

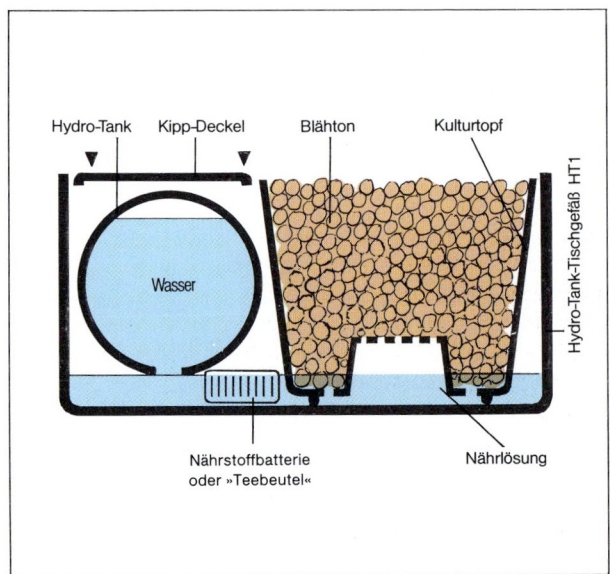

Querschnitt durch
den HYDRO-TANK;
links Tank,
rechts Kulturtopf
ohne Wasser-
standsanzeiger

Hydro-Tank — Kipp-Deckel — Blähton — Kulturtopf
Hydro-Tank-Tischgefäß HT1
Wasser
Nährstoffbatterie
oder »Teebeutel« — Nährlösung

Von der Erdkultur zur Hydrokultur

Begleitpflanzen-Elend

Grade weil wir die Hydrokultur so mögen, soll gleich hier ein Thema weniger erfreulicher Art erörtert werden. Seit eh und je gab und gibt es noch im Bereich der Erdkultur pompöse Gebilde floristischer Phantasie in Schalen und Körben. Ihr Inhalt ist bewußt zu baldigem Vergehen oder allenfalls zu rettendem Auseinandernehmen zurück in die Blumentöpfe bestimmt.

Für die Hydrokultur aus Gärtnerhand aber entwickelte sich – wohl in einer Art von Analogie zu den Großgefäßen – eine für Dauerpflege bestimmte Praxis des Zusammenpflanzens auch im Klein- und Tischgefäß mindestens vom 11er-Topf an aufwärts: ein offenbar unerläßliches Element »dekorativer Gestaltung«. Man denkt nicht an die Lebensan-

Vor Jahresfrist, frisch ausgeliefert, war diese Zusammenpflanzung noch elegant und reizvoll. Inzwischen hat der starkwüchsige *Ficus pumila* die zarte und anerkannt wurzelempfindliche *Dizygotheca* schon so weit überrundet, daß sie keine Anstalten zu einem Neuaustrieb macht. Man kann nur vermuten: einer wird gewinnen …

sprüche der Pflanzen und ihr Wachstum. Die Kombination soll vielmehr »gleich nach was aussehen«. Auch bringt ein solches »Arrangschemang« natürlich mehr ein als die stille Schönheit einer Einzelpflanze. Dieses an sich begreifliche Zusammenspiel von oft sehr energisch vorgebrachten Publikumswünschen und Nützlichkeitsdenken hat aber allmählich schier unerträgliche Ausmaße angenommen. Gibt es schon Fälle, wo zwei Pflanzen – siehe unser Bild linke Seite – in einem 15er-Topf beim Ringen um die Vorherrschaft mit einem Todesopfer bezahlt werden müssen, so ist das heute allgemein übliche Zusammenpferchen von zwei Pflanzen im 11er-Topf oder drei bis vier Pflanzen im 15er-Topf einfach unverantwortlich. Dies um so mehr, als jeder Fachmann wissen müßte, welcher mörderische Wurzelsalat bei fortschreitendem Wachstum entsteht.

Ohne Rücksicht auf Wachstum und Wurzelentwicklung stehen hier beisammen: Hinten links *Chrysalidocorpus*-Palme, hinten rechts Mistelfeige, vorn links ein Christusdorn, vorn rechts *Cryptanthus* aus dem Regenwald.

> Das selten notwendige Umsetzen von Hydropflanzen in größere Kulturtöpfe als einer der großen Vorzüge gegenüber dem ständigen Umtopfen in Erdkultur wird dadurch sehr in Frage gestellt.

Dies um so mehr, als es heute Standard-Beipflanzen und sogenannte Bodendecker gibt, die im Kulturtopf ein wahres Räuber leben führen. Außer *Ficus pumila* gehören Kletterphilodendron, die weißbunt hängende und auch die grüne Wachs-

blume dazu. Ich sah schon eine *Chrysalidocorpus*-Palme und einen Geweihfarn mit Efeu gepaart. Daß ein *Codiaeum* (Kroton) keinen *Scindapsus* (heute *Epipremnum*) und keine sukkulente Euphorbie in engster Nachbarschaft duldet, braucht nicht zu verwundern.

Doch keine Regel ohne Ausnahme: Wie eisenfest auch immer meine grundsätzlichen Erfahrungen sind, – eines Tages erblickte der HYDRO-TANK »mini« als reizendes Zierstück im Zeitgeschmack das Licht der Welt. Es sollte nur eine Art von Werbegeschenk sein, hat sich aber inzwischen tausendfältig für alle möglichen Zwecke einschließlich der Stecklingsvermehrung bewährt. Man sieht es auf Seite 20!

Wachstumsfaktoren

Fragt man in einem Hydro-Fachgeschäft, wie es wohl mit den Vorkenntnissen der Kundschaft bestellt sei, so gibt es immer die gleiche Antwort: fast niemand ist in Sachen Zimmerpflanzen ein völliger Neuling. Im Gegenteil: je mehr Erfahrungen bei Topfblumen gemacht wurden, desto größer ist der Eifer, es »mal mit Hydro zu versuchen«, wo ja angeblich alles von ganz allein geht.

Es geht nicht alles von ganz allein. Sonst brauchte man weder eine gründliche Kaufberatung noch ein Buch als Wegweiser.

Aber die Kenntnis der Zimmerpflanzenpflege in Erdkultur erleichtert zunächst das Verständnis für gewisse übereinstimmende Voraussetzungen. So gelten auch für Pflanzen in Hydrokultur die gleichen elementaren Wachstumsfaktoren Licht, Luft, Wärme, Wasser und Nahrung – nur daß deren Darbietung in entscheidender, die gesamte Pflege erleichternder Weise von der Erdkultur abweicht. Richtig gehandhabt, wird die Versorgung der Hydropflanzen vom Fachmann als »optimal« bezeichnet. Das heißt:

Hydrokultur bietet den Pflanzen in leicht aufnehmbarer Form für jeden Wachstumsfaktor stets nur das Allerbeste ...

Ist es wirklich so, oder muß man doch zugeben, daß zwischen Ideal und Wirklichkeit gar nicht selten eine große Lücke klafft? Leider ist es so. Deshalb meine ich:

Die Frage nach dem richtigen Standort müßte allem anderen vorangehen. Deshalb haben wir ihrer Beantwortung auch die ganze nächste Seite eingeräumt.

Natürlich gibt es hier so wenig wie anderswo im Umgang mit Hauspflanzen absolute Werte. Die Grenzen zwischen den einzelnen Himmelsrichtungen sind fließend. Aber wer sich ein bißchen Mühe gibt, kann im Zusammenhang mit dem Kapitel von der Pflanzenauswahl und sonstigen Hinweisen doch grobe Fehler vermeiden.

Freilich: »optimal« versorgte Hydropflanzen nehmen es erfahrungsgemäß hin, daß sie vorübergehend – allenfalls einige Tage – mit weniger Licht zufrieden sind.

Schädlich zu jeder Jahreszeit – vor allem aber im Winter – ist ein Standort auf kaltem Steinfußboden ohne isolierende Unterlage. Kommt noch ein zu hoher Nährlösungsstand hinzu, so sind »kalte Füße« in Gestalt faulender Wurzeln unvermeidlich. Als neuere Einsicht ergab sich, daß auch eine Fußbodenheizung mit rund 30 °C Austrittstemperatur verderbliche Folgen hat. Die Normaltemperatur der Nährlösung nicht ruhender Pflanzen im Wohnzimmer soll 18–20 °C betragen. Ruhende Pflanzen, deren Nährlösung fast auf

Standort und Himmelsrichtung

Nordseite
(etwa Nord-Nordwest bis Nord-Nordost)

Vorzüge: Ohne abdunkelndes Gegenüber alle Vorzüge des »lichten Schattens« und ausgeglichene Temperatur. Beste Lage für alle Schattenpflanzen einschließlich der Bewohner des tropischen Regenwaldes. Keine Schattierung erforderlich.
Nachteile: Zu tiefer Schatten durch dichte Bäume oder hohe Häuser kann Tageslichteinfall pflanzenschädigend vermindern. Ausgleich durch Kunstlicht möglich. Bei Standort in ausgesetzten Lagen vor allem Untertemperaturen der Nährlösung vermeiden, Pflanzen vor Unterkühlungsschäden durch »kalte Füße« schützen. Isolierung von Mauerwerk und Fenstern! Heizung siehe Kapitel »Laufende Pflege«.

Ostseite
(etwa Nord-Nordost bis Ost-Südost)

Vorzüge: Fenster der milden, wachstumsfördernden Morgensonne. Bietet in der mehr nördlichen wie in der mehr südlichen Hauptrichtung weiten Spielraum für die Zusammenstellung schöner und dauerhafter Gruppen. Gut für alle Pflanzen mit Neigung zum halbschattigen Standort. Bester Platz zum Eingewöhnen von frisch umgestellten Pflanzen, Stecklingen und Neuerwerbungen.
Nachteile: Bei nördlichem Einschlag manchmal als Wetterseite kälteanfällig. Bei stärkerem Sonneneinfall Schattierung nötig. Schutz gegen scharfe Wintersonne, solange schattenspendende, nur sommergrüne Außenbepflanzung unbelaubt ist.

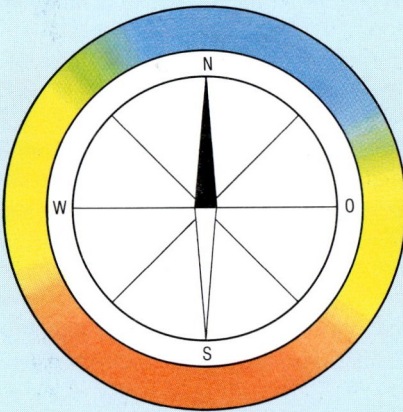

Westseite
(etwa West-Südwest bis Nord-Nordwest)

Vorzüge: Nur die mehr der Nordrichtung angenäherten Lagen bieten mit den langen Strahlen der Spätnachmittags- und Abendsonne leidlich gute Pflegemöglichkeiten für Pflanzen mit hohem Licht- und Wärmebedarf.
Nachteile: Reine Westlage und Westlage mit südlichem Einschlag ergeben bei voller Sonneneinstrahlung ungefähr die gleichen Mißhelligkeiten durch Aufheizen der Scheiben und nächtliche Abkühlung wie die Südlagen. Die der Nordrichtung angenäherten Westlagen sind häufig Wetterseiten wie Nord.
Kein Standort für Pfleglinge zum Abhärten oder Gesunden mit Empfindlichkeit gegen schroffen Klimawechsel.

Südseite
(etwa Ost-Südost bis West-Südwest)

Vorzüge: Außer der längsten Tageslichtdauer und der größten Helligkeit keine.
Nachteile: Ohne eine pünktlichst bediente Schattenvorrichtung nur bei bedecktem Himmel ungefährlich für die Pflanzen. Volle Besonnung selbst für Kakteen und andere Sukkulenten aus Wüstenklima wegen zu starken Aufheizens der Scheiben unerträglich. Bei Winterwetter sehr hohe Spanne zwischen Tages- und Nachttemperaturen: »kalte Füße«!
Wichtig: Schattenvorrichtungen unbedingt außen anbringen; für Regulierbarkeit der Lichtdurchlässigkeit sorgen. Ständige, zu dichte Schattierung mit Jalousetten schlimmer als schattigster Norden.

Wachstumsfaktoren

Null steht, kommen entsprechend mit weniger Wärme aus. Grundsatz:

Je niedriger der Wasserstand im Hydrokulturgefäß, desto kühler darf die kaum noch bodenbefeuchtende Nährlösung sein.

Dies gilt insbesondere für die Ruhezeit von Kakteen und anderen Sukkulenten, für bewurzelt bleibende Blumenzwiebeln (Amaryllis!), für Passionsblume und Wachsblume, die man bei 5–6 °C »kühl beiseite stellen« soll. Doch kehren wir erst einmal zu unseren Haupt-Wachstumsfaktoren zurück.

Licht – hier nicht mit dem an anderer Stelle behandelten Kunstlicht gleichzusetzen – ist mit der wichtigste Lebensträger allen pflanzlichen Daseins.

Dem Tageslicht als Gabe der Sonnenenergie verdankt die Pflanze die Fähigkeit, den komplizierten chemischen Vorgang der Photosynthese zu vollziehen: das ist die Umwandlung der den Pflanzen »tafelfertig« servierten anorganischen Nährstoffe in ihre körpereigene, organische Substanz. Auch Farbigkeit von Blättern und Blüten hängt ebenso wie das nicht selten beobachtete »Vergrünen« zuvor weißbunt gewesener Blätter vom Lichtmangel ab. Dabei darf nicht vergessen werden, daß gerade unsere Zimmerpflanzen nach Herkunft und Heimat ganz andere Lichtintensitäten gewöhnt sind, als wir sie ihnen selbst unter besten häuslichen Bedingungen bieten können. Usambaraveilchen, Blattbegonien und andere beliebte Zimmerpflanzen aus dem tropischen Regenwald vertragen wiederum weder direkte Besonnung noch zuviel Helligkeit. Hier können auch sonst optimale Bedingungen der Hydrokultur den Kulturfehler des falschen Standortes nicht ausgleichen. Schon bei der Anschaffung neuer Pflanzen soll man also vor der Liebe auf den ersten Blick zunächst die Vernunft walten lassen und genau überlegen, ob die örtlichen Gegebenheiten der Wohnung den Wachstumsbedingungen der geplanten Anschaffung entsprechen.

Natürlich sind Hydropflanzen genau wie ihre Geschwister im Blumentopf der Neigung zur Lichtwendigkeit – dem Phototropismus – unterworfen und werfen Blütenknospen ab, wenn man sie dreht oder wendet. Deshalb haben Großgefäße auf Rollen oder Gleitern nicht nur Vorzüge, sondern verführen zu unzweckmäßigen, oft sehr unbedachten Standortwechseln im Raum. Dem Drehen von Klein- und Tischgefäßen beugt man wie beim Blumentopf durch eine Lichtmarke vor. Sie sollte aber – bitte schön – am Rand des Kulturtopfes und nicht etwa außen am Gefäß befestigt sein. Sehr praktisch: ein »lebensmittelechtes« Cocktailspießchen, sofern nicht der Wasser-

Wurzeln von Weihnachts-Narzissen, die als Versuch in einem 15er-Topf (HYDRO-TANK HT 1) mit 2 cm Wasserstand durchkultiviert wurden. Man erkennt genau, wo die »Nährlösungszone« aufhört und die Zone der sauerstoffreichen Luftfeuchtigkeit anfängt.

standsanzeiger diesen Dienst versehen kann.

Aber werfen wir zum Schluß noch einen Blick auf das Wurzelbild da oben: es gibt hochinteressante Aufschlüsse zum Thema »Gießen« und Wasserstandshöhe. Denn diese bei gleichbleibend niedrigem Wasserstand gewachsenen Wurzeln zeigen deutlich, daß die üblichen Wechselbäder zwischen hoch und niedrig keineswegs ihrer Natur entsprechen. Vielmehr sieht man oberhalb der Wassergrenze genau jene mit feinsten Härchen besetzten, auf Luftfeuchtigkeit und Bodenatmung angewiesenen Gebilde, während die glatten, dickeren Wurzeln und ihre ebenfalls unbehaarten zahllosen Austriebe unten durchaus in die Nährlösung eintauchen und gern darin verweilen.

Anmerkung: Die hier nicht näher behandelten Wachstumsfaktoren finden Sie ausführlich teils im Kapitel »Aus Wasser wird Nährlösung« ab Seite 40, teils im Kapitel »Die laufende Pflege« ab Seite 88.

Hydrogefäße klein und groß

Zuerst kommt der Kulturtopf!

Wenn von den Hydrogefäßen die Rede ist, steht er in der Tat allem anderen voran. Denn trotz seines bescheidenen Äußeren hat der sogenannte Kulturtopf für die gesamte Hydropraxis entscheidende Bedeutung. In den Normgrößen wie auch in der nach unten leicht verjüngten Form dem alten Blumentopf der Erdkultur nachempfunden, dient er – wenn auch unter völlig anderen Bedingungen – den Pflanzenwurzeln als Wohnraum. Die Aussparung im Boden erlaubt das Einklemmen einer Nährstoff-Batterie. Hauptanliegen ist einwandfreier Werkstoff. Mit anderen Worten: das Ausgangsmaterial der Kulturtöpfe und die Innenwandungen der Hydrogefäße müssen dem Begriff der »Lebensmittelechtheit« entsprechen. Wo diese Voraussetzung fehlt, können im Zusammenwirken mit der Nährlösung für jede Pflanze gefährliche chemische Verbindungen entstehen.

Als zweites Problem zeigt unser Bild, wie unterschiedlich die Wandöffnungen der Kulturtöpfe sind. Im Handel am häufigsten angeboten wird wohl das Modell mit den fünf schmalen Schlitzen: es soll angeb-

Bunte Vielfalt von Kulturtöpfen. Im Handel sind überwiegend die dunkelbraunen, harten Modelle aus Polystyrol erhältlich, meist von LENI und HYGRENO. Größere gesunde Pflanzen können diese Töpfe sprengen. Die schwarzen Anzucht-Gittertöpfe (vorn ganz rechts) jedoch sind unzerreißbar.

Hydrogefäße klein und groß

Bunte Auswahl moderner Hydrogefäße für Kulturtöpfe mit 12 und 20 cm Normhöhe. Durchmesser und Korpus je nach Modell verschieden; passend für 11er-, 15er-, 18er-Töpfe.

lich ein zu starkes Wurzelwachstum eindämmen, macht aber bei notwendigen Entnahmen Wurzelverletzungen fast unvermeidbar und hemmt die Durchlüftung.

Durch Anzucht-Gittertöpfe (Abb. S. 18 vorn rechts) gequetschte Wurzeln sind sehr oft Ursache von Siechtum. Daher großen Kulturtopf entfernen (notfalls auseinanderschneiden) und den Gittertopf durch Zerschneiden des Gitters möglichst ohne Verletzung der Wurzeln heraustrennen!

Der Blick auf die Hydrogefäße

Er muß logischerweise mit der großen Vielfalt verschiedenartigster Modelle beginnen: es sind Klein- oder Tischgefäße für Kulturtöpfe von 9–18 cm Durchmesser und entsprechender Normhöhe. Fast sieht es so aus, als ob hier neben dem dekorativen Element auch ein Ringen um die Zweckmäßigkeit der Form abzulesen sei: um jene Form, die der Pflanze kein schmales, zylindrisches Gefäß beschert und ihr rings um den Kulturtopf herum die

Hydrogefäße klein und groß

so geringe Bewegungsfreiheit für ihr Wurzelleben noch mehr einengt. Ein erstes Gefäß, das Neue Sachlichkeit und Freiheit für die Wurzeln vereinte, war das Modell »Wiesbaden« von LUWASA (Abb. S. 51). Danach brachte eine ganze Welle hydrofreundlich denkender Designer verschiedenste Gefäße auf den Markt.

In Variationen sind diese Gefäße zum Teil noch im Handel, auch wenn vieles – dem Publikumsgeschmack entsprechend – von den keineswegs technisch besseren, aber nun einmal als »nobler« geltenden Keramik-Gefäßen überboten wurde. Dabei erfordert Keramik hinsichtlich ihrer Unbedenklichkeit als »lebensmittelechter« Werkstoff beinahe noch mehr Aufmerksamkeit als Kunststoff, doch für beide gilt:

Billigware mit mangelhafter Qualität kann den Hydrofreund teuer zu stehen kommen.

Unsichtbar-feine Haarrisse in der Glasur bewirken bei Keramik Eindringen der Nährlösung in das Gefäß und rückwirkend die schon erwähnten lebensgefährlichen chemischen Veränderungen durch löslich werdende Schwermetalle. Einige Hersteller guter Keramik sichern deshalb besonderen Schutz durch Doppelglasur zu.

»Physiologisch unbedenklich« heißt das Fachwort für schwermetallarme Keramik, und es gibt jetzt auch ein Logo für »Lebensmittelbedarfsgegenstände«, mit dem diese Keramik versehen werden darf.

Symbol für Lebensmittelbedarfsgegenstände

Das für Kunststoff-Kulturtöpfe ebenso wie für Gefäße aller Art meist verwendete Polystyrol (PS) gilt in einwandfreier Qualität, ohne Zusatz von Restprodukten (Regranulat), als unbedenklich. Aber gerade hier, wo niemand Lebensmittelqualität erwarten darf, ist durch

Das Kleinste, was es gibt: Der HYDRO-TANK »mini« für Jungpflanzen, Kleinsukkulenten, Stecklinge, Samenanzucht. Hier waren es zwei Gurkenkerne, aus denen die reizendste Blütenpflanze erwuchs. Sie blieb selbst ein »Mini« und blühte drei Monate lang (mehr darüber ab Seite 33).

Hydrogefäße klein und groß

unbedachtes Umfunktionieren solcher Gegenstände für Zwecke der Hydrokultur schon Schaden genug angerichtet worden. Er reicht von Laubfall, Wurzelfäule und allgemeiner Wachstumsminderung bis zum Totalverlust.

Gleiches gilt für Gefäße aus Metall. Ob Messing, Kupfer oder Zinn: sie alle setzen im Zusammenwirken mit der Nährlösung schwere Giftstoffe frei.

»Lebensmittelechter Lack« als Schutzanstrich bietet keine echte Sicherheit, weil innen angebrachte Nieten und natürlicher Verschleiß – ebenso wie die Glasur bei Keramik und auch bei dem allerdings selten verwendeten billigen Porzellan – die bewußten feinen Risse in der Schutzschicht entstehen lassen können. Hier ist, wie in allen bedenklich erscheinenden Fällen auch, sorgsames Ausschlagen mit Polyethylen-Folie 0,3 mm (schwarz) oder in weiß (diese doppelt nehmen!) ein relativ brauchbarer Notbehelf. Beste Absicherung bringt natürlich ein genau passender Kunststoff-Einsatz aus entsprechendem Werkstoff.

Oben: Großgefäße (RU 50): links bepflanzt mit *Yucca elephantipes,* daneben Farbserie.
Unten: Gelber Kasten (RE 70); links Mitte vorn (RU 70) rot; dahinter Quadrat braun mit *Dracaena massangeana;* rechts (SE 70) weiß.

Hydrogefäße klein und groß

Gleiches gilt für die als Großgefäße mit leicht rustikalem Charakter immer beliebteren Eternitmodelle. Kein Wunder, denn die Serie »Hydrokultur«-ETERNIT 2000 verläßt bereits das Werk mit einem zuverlässigen Innenanstrich (siehe Abb. Seite 6).

Wer nun noch nach so kalkhaltigen Werkstoffen wie Marmor als Hydrogefäß fragt, dem sei anvertraut, daß die edlen Außenwandungen, wie sie etwa das Bild auf Seite 59 zeigt, in ihrem Inneren chemisch völlig unangreifbare, glasfaserverstärkte Einsätze bergen. Es sind bekanntlich drei Segmente, so daß auch vom Gewicht her gegen diese elegante Schöpfung nichts einzuwenden ist. Übrigens: als Mode-Gag tauchen gelegentlich Glasgefäße auf. Sie passen kaum in unser System der bis zum Boden reichenden dunklen Kulturtöpfe, mißfallen wegen der ins Helle drängenden Wurzeln und ziehen Algen an, die man nur schwer los wird. Einziges Mittel aus dem Aquarienbereich (mit Vorbehalt): ALGICID.

Diese Palme (*Rhapis excelsa*) mit ihren fächerförmigen Blättern ist schon für sich eine Augenweide. Dazu das Edelstahlgefäß mit Messingring (Bezugsquelle siehe Seite 124) – wozu da noch an ferne Palmenstrände fliegen?

Rechts: Der Mangel an formal interessanten Großgefäßen ließ mit Computerhilfe die Serie »Swing« entstehen. Das Ungewöhnliche dabei: Mit nur zwei Grundformen auf Dreieck- und Viereckbasis (Kantenlänge 50 cm) und in zwei Höhen lassen sich beliebig viele Kombinationen bauen.

Zubehör soll weiterhelfen

Der Wasserstandsanzeiger

Er ist das schlechthin unentbehrliche Zubehör für alle Hydrokulturgefäße üblicher Bauart. Unzuverlässig sind vor allem die am Kulturtopf befestigten Modelle für kleine und mittelgroße Gefäße.
Wer solche Kulturtöpfe mit eingestecktem Wasserstandsanzeiger benutzt, muß leider stets mit Fehlleistungen rechnen und immer wieder Stichproben machen.

Je kleiner der Wasserstandsanzeiger, desto unzuverlässiger; je größer, desto ungenauer.

Ungenauigkeit nimmt man eher in Kauf als gänzliches Versagen, und deshalb sollten Sie Wasserstandsanzeiger für die 6 cm hohen Töpfchen nicht kaufen. Leider sind die kleinen Töpfe ein beliebtes Geschenk und die anfängliche Hydrobegeisterung findet ein rasches Ende. Die Unzuverlässigkeit ist heute schon mehr als ein offenes Geheimnis – ja, es sieht beinahe so aus, als ob die konstruktiven Mängel sachbedingt und daher unüberwindlich sind.
Damit der im Innern des aus zwei Teilen zusammengesetzten Rohres befindliche Schwimmer sich entsprechend dem Wasserstand im Hydrogefäß auf und ab bewegen kann, muß er unten Einlaßöffnungen für die Flüssigkeit haben. Selbst eine

von LENI herausgebrachte Schutzkappe mit schmalen Schlitzen kann nicht verhindern, daß zugleich mit einfließender Nährlösung Wurzelteilchen, LEWATIT-Körnchen und Blähtonkrümel in das Schwimmergehäuse dringen und den Schwimmer behindern.
Andererseits braucht der Schwimmer entsprechend dem auf- und absteigenden Wasserstand von oben her Luft: sie fördert in der Spitze die Bildung von Kondenswasser. Dies drang bisher ungehindert in das Schwimmerröhrchen ein, lief zugleich auch an ihm herab und hinderte erst recht den Schwimmer an seiner Beweglichkeit.
Einige Wasserstandsanzeiger haben daher neuerdings Schwimmerstäbchen mit unveränderlichem Gewicht. Aber auch sie sind einer zweiten, nicht minder großen Ge-

Unser Bild zeigt eine ganze Kollektion vor allem von Wasserstandsanzeigern für Klein- und Tischgefäße. Wer schon länger Hydrokultur treibt, kann ein Ratespiel veranstalten, aus welcher Produktion die einzelnen Modelle stammen und zu welchen Kulturtöpfen auf Seite 18 sie gehören. Alle können mehr oder weniger Sorgen machen, und die Klagen der Verbraucher sind trotz einiger kleiner Änderungen nicht weniger geworden. Es scheint, als ob die technischen Möglichkeiten des Wasserstandsanzeigers einfach erschöpft sind.

Zubehör soll weiterhelfen

fahr ausgesetzt: das ist die Adhäsion oder Haftfähigkeit zwischen dem Röhrchen oder Stäbchen und der feuchten Wandung des Anzeigers oben. Sie tritt besonders gern ein, wenn das Gerät nicht streng senkrecht steht. Zwei in ihren Aus-

wirkungen gleich verderbliche Fälle können also eintreten:

1. Der Schwimmer bleibt unten stecken und erweckt den Eindruck: Wassersnot, dringend nachgießen!

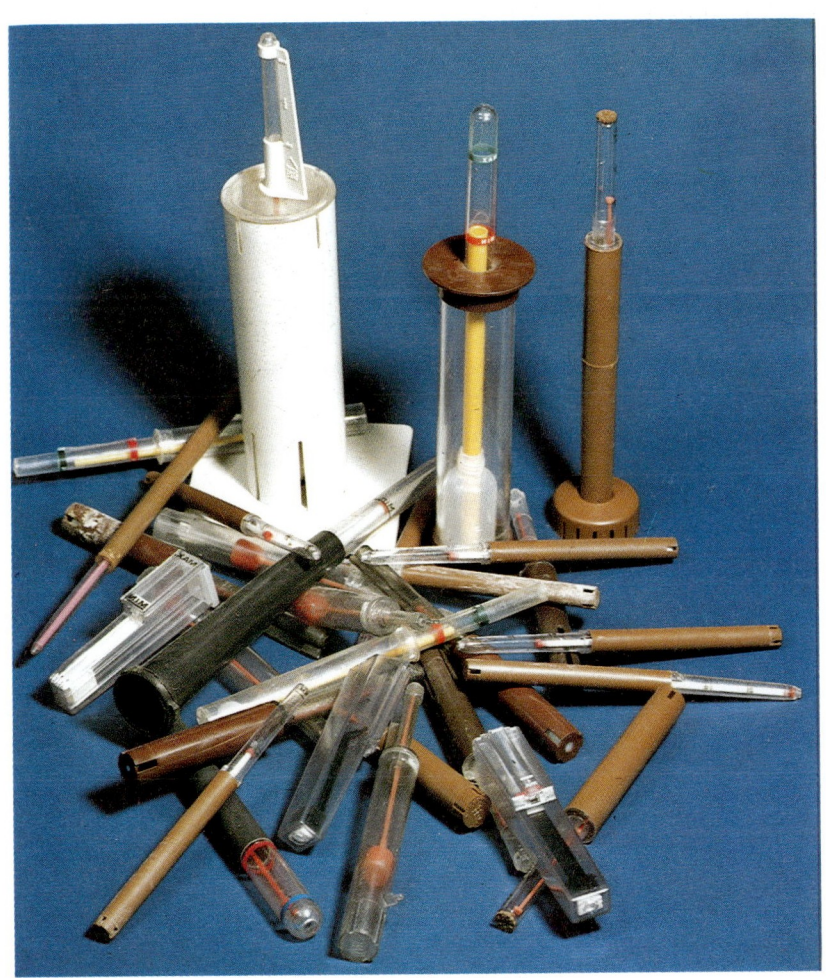

Zubehör soll weiterhelfen

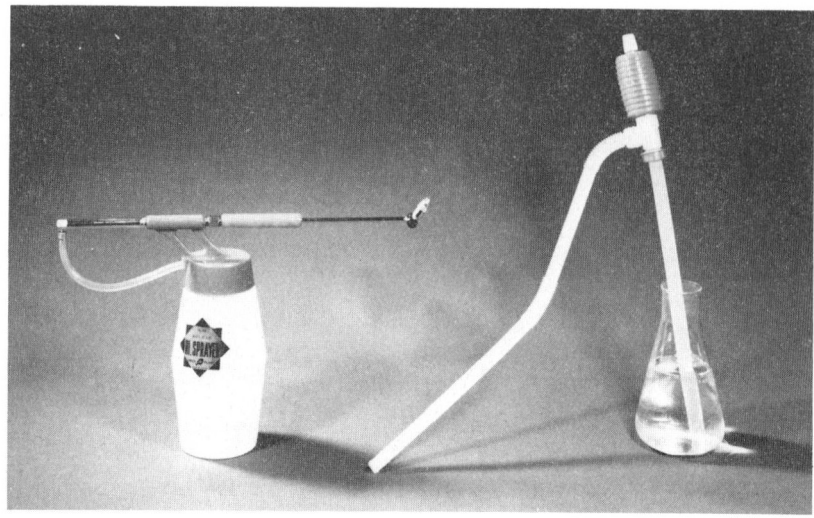

Von großen Geräten zur Luftbefeuchtung ist auf Seite 99 die Rede. Hier geht es um ein praktisches Handgerät, das trotz seiner ungewöhnlichen Form wohl jedem Blumenfreund bald unentbehrlich sein dürfte. Es kommt aus Japan, faßt bis zu 1,5 Liter Wasser und hat eine nach allen Seiten drehbare Sprühdüse, so daß Blätter auch gezielt von unten besprüht werden können. Zur Vorbeugung gegen Rote Spinne sehr zu empfehlen. Bezugsquelle siehe Seite 124.

Natürlich wird es nicht vorkommen, daß jemand absichtlich sein Hydrogefäß bis oben hin voll Wasser planscht, weil der Wasserstandsanzeiger immer noch auf Minimum steht. Aber gesetzt den Fall, es passierte dennoch: da wäre es doch prima, so eine preiswerte kleine Pumpe zur Hand zu haben. Sie hebert Überschüssiges im Nu heraus und nimmt selbst eigene Verstopfung nicht übel – läßt die Ursache jedenfalls leicht herausspülen. Pumpen mit Batterie sind empfindlich.

Man gibt nicht genau acht, gießt und gießt und gießt, bis das Wasser oben am Gefäßrand steht. Folge: schwere Wurzelschäden bis Totalverlust.

2. Das Schwimmerstäbchen zeigt – weil infolge Adhäsion oben festgeklebt – beharrlich auf MAX. Man hält die Pflanze für mehr als ausreichend versorgt, bis Trockenschäden sichtbar werden.

Beide Fälle kämen weniger häufig vor, wenn unsere Hydrofreunde einsehen würden, daß – von allem anderen abgesehen – auch ein Wasserstandsanzeiger Verschleißerscheinungen unterliegen kann und daß man heute weiß: weniger gießen ist immer besser. Weshalb denn neuere Modelle sich nicht mehr mit den Kontrollangaben MIN. = ganz unten und MAX. = Höchstgrenze begnügen, sondern dazwi-

Zubehör soll weiterhelfen

Verfaulte Stäbe aus Holz oder Bambus sind als Kulturfehler verderblichster Art auf Seite 91 zu finden. Endlich scheint man einzusehen, daß es auch anders geht: hier eine Kollektion dessen, was heute vom Topfspalier über dünne Haltestäbe bis zu den Großen, Beschichteten zum Ineinanderstecken am Markt ist. Keine Ausrede mehr: »Das gibt es nicht!« In der Nährlösung verfaulte Stäbe zeigt das Bild auf Seite 91.

schen den allenfalls vertretbaren Mittelwert OPT. oder BEST. zeigen. Aber selbst der ist je nach Pflanzenart, Standort und Wachstumsrhythmus unter Umständen noch zu hoch. Auch macht es viel Mühe, im Wechsel mit MIN. so niedere Werte innezuhalten. Der tiefere Sinn der Hydrokultur geht darüber fast verloren. Mehr zum Thema ab S. 30. Als Zubehör nenne ich hier nur noch eine kleine Gießkanne.

Not macht erfinderisch: der zur Jungpflanze gewordene Steckling unserer *Iresine herbstii* von Seite 109 mußte abgestützt werden. Da fielen mir statt fäulnisgefährlicher Holz-Blumenstäbe für dieses Leichtgewicht die Plastik-Trinkröhrchen aus dem Gläserschrank ein. Und solche Röhrchen gibt es sogar noch überall zu kaufen!

27

Zubehör soll weiterhelfen

Der rundum dehnbare Makramee-Aufhänger verwandelt sogar das ovale 1-Liter-HYDRO-TANK-Tischgefäß in eine praktische Ampel mit großem Wasservorrat. Pflanze wie Seite 56.

Wand- und Ampelhänger

Wand- und Ampelhänger sind so ausführlich in Bildern dargestellt, daß eigentlich nicht mehr viel über sie zu sagen bleibt. Auch zeigt die Praxis, daß hängende Hydrogefäße immer ein bißchen mehr Unbequemlichkeiten machen als stehende. Hier fehlt dem Menschen halt oft eine dritte Hand, wobei »Langzeitversorgung« dieses Problem gegenüber ehedem noch we-

sentlich mildert. Auch die Entnahme der Gefäße aus den dehnbaren Geflechten ist einfacher geworden.

Drei Wand- oder Ampelhänger von heute: ▶ das starke Makramee-Geflecht links nimmt selbst schwere Gefäße wie das schöne 18-cm-Keramik-Modell von LUWASA auf. – Für zierlichere Formen ist die Nylon-Flechterei mit Muscheln in der Mitte bestimmt. – Eine mit Schlitzen versehene, wasser-unempfindliche runde Platte aus SKAI wird durch Auseinanderziehen an ihrer Schnur zu dem von TWL entwickelten Hänger rechts mit rotem Gefäß.

Zubehör soll weiterhelfen

Das Bodenthermometer

Ein wichtiges Zubehör darf nicht vergessen werden: das Bodenthermometer. Es ist das Meßgerät »mit dem langen Ende«. Man steckt es in die meist vorhandene Öffnung des Kulturtopfes oder nebenan ins Gefäß, um oben auf der Skala die Temperatur der Nährlösung abzulesen. Versäumen Sie diese Anschaffung nicht: man braucht das Bodenthermometer zur täglichen Pflege wie zum Antreiben und zur Vermehrung. Erhältlich durch Hydro-Tank Dr. W. Blaicher (Adresse Seite 124).

Neuer Weg: Der Hydro-Tank

Schon in anderem Zusammenhang wurde darauf hingewiesen, daß wohl keine noch so geniale Erfindung des Menschen nicht auch ihre Schwachstellen haben kann. Gerade diese Schwachstellen aber bieten nicht selten den Anreiz für neue Entwicklungen.

Auch der HYDRO-TANK System Dr. Blaicher verdankt sein Dasein solchen Schwachstellen, die man zwar kennt, aber ungern zugibt.

1. Das ganze bisherige Bewässerungswesen stimmt mit den heutigen Einsichten in das Verhältnis zwischen Wurzelwachstum, Nährlösungsmenge und Sauerstoffbedarf im Kulturtopf und seinem Substrat fast ausnahmslos nicht überein. Die leider bei breiten Käuferschichten besonders geschätzten schmalzylindrischen Modelle der für eine gesunde Entwicklung der Pflanzen ohnedies viel zu kleinen Gefäße tun das ihre dazu. Von der schon weiter vorn beklagten, meist unklug dichten Anfangsbepflanzung ganz zu schweigen.

Wird hier nun das vorgeschriebene Auf und Ab des Einfüllens der Nährlösung nebst dem »lieber noch ein bißchen mehr« aus dem guten Herzen der Hausfrau (oder auch des Hausherrn!) praktiziert, so ist die Grundlage des Verderbens schon beinahe gegeben.

2. Die bisher noch von keiner Konstruktion beseitigte Unzuverlässigkeit der Wasserstandsanzeiger macht den Mißstand komplett. Man lese dazu noch einmal im Kapitel vom Zubehör ab Seite 24 nach und lasse sich hier sagen, daß auch die an sich besser konstruierten Modelle für Großgeräte vor allem dank festem Einbau mit Bodenplatte bei längerem Bestehen der Anlage durch zu spät bemerktes Versagen große Schwierigkeiten und Verluste bringen können.

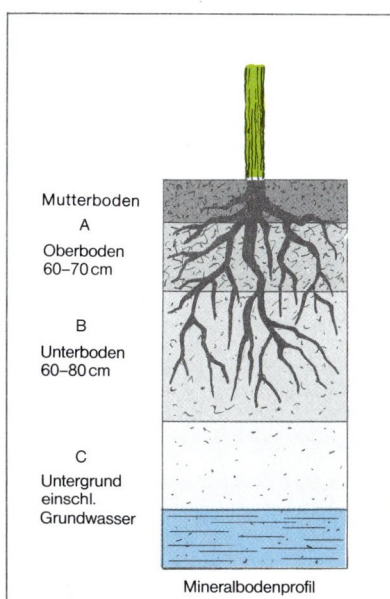

Mutterboden
A
Oberboden
60–70 cm

B
Unterboden
60–80 cm

C
Untergrund
einschl.
Grundwasser

Mineralbodenprofil

Ein Bodenprofil aus dem Gartenbuch zeigt, daß auch im Freien selbst Baumwurzeln nicht im Wasser leben, aber gleichmäßige Feuchtigkeit von unten beziehen.

Neuer Weg: Der Hydro-Tank

Der HYDRO-TANK als Tischgefäß: links das Außengefäß mit den Achslagern zum Einhängen des 1-Liter-Drehtankes (Mitte), rechts der Kippdeckel zum Abdecken des Tankes; das Ganze passend für jeden 15er-Kulturtopf. L 280 mm   B 165 mm   H 133 mm

Schemazeichnung: a) Wurzel ohne Wasser: kein Luftverlust; b) niedriger Wasserstand ohne schädigenden Luftverlust; c) zu hoher Wasserstand, der den Wurzeln zuviel Luft nimmt.

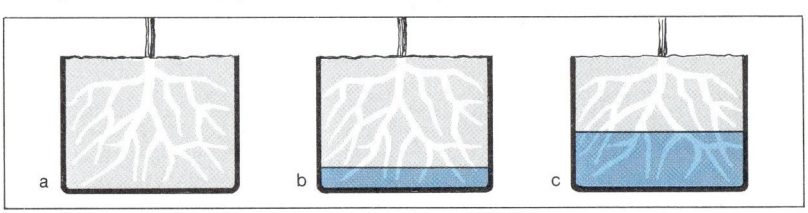

Neuer Weg: Der Hydro-Tank

Ein Hydrokultur-System, das uns neben allen anderen Vorzügen zuverlässig vom Wasserstandsanzeiger befreit, ist schon deshalb größter Anerkennung wert.

Aber es geht ja nicht nur um die Anerkennung, sondern auch um die praktische Brauchbarkeit. Und da muß ich nun sagen: man mag sich vielleicht aus Geschmacksgründen nicht unbedingt zur Form des 1-Liter-Tischgefäßes bekennen. Wenn aber dadurch – weil ja doch bei gleichbleibend niedrigem Wasserstand die 1-Liter-Vorratsmenge irgendwie untergebracht werden muß – meine Pflanzen und ich auf Dauer ein in vieler Hinsicht sorgenfreies Leben haben, so dürfte die äußere Form doch von geringerer Bedeutung sein. Außerdem hat auch sie – nach Wahl dunkelbraun oder sandbeige – ihre Vorzüge:

Sie sichert jeder Pflanze (nebst unvermeidlicher Beipflanze) im 15er Kulturtopf eine gewisse Freiheit nach oben durch Zwang zu Zwischenräumen, die sonst doch nicht eingehalten werden.

Oben: Der 1-Liter-Einbau-HYDRO-TANK besteht aus einem rechteckigen Rahmen, der die Achslager enthält, dazu Drehtank und Deckel, für Blähton-Belag (siehe Kasten).

Unten: Beispielbepflanzung des oben leer gezeigten Kastens mit zwei unermüdlich blühenden *Euphorbia*-Lomii-Hybriden 'Gabriela', die somit aus einem Tank versorgt werden.

Neuer Weg: Der Hydro-Tank

Gleiches gilt für die drei Einbau-HYDRO-TANKS, die auf diesen Seiten gezeigt werden. Sie nehmen einfach durch ihr Dasein jenen Platz in Anspruch, den das Wachstum der Pflanze(n) oft schon nach wenigen Monaten völlig zudeckt. Oder sehen Sie vielleicht – um nur ein Beispiel zu nennen – bei meinem herrlichen Farn auf Seite 61 unten links noch eine Spur vom Tischgefäß mit dem »Bauch« für den Drehtank?

Die kurz »Minitank« genannte Kleinstform mit den Maßen 115 × 65 × 60 mm und 70 ml Tankinhalt wurde schon auf Seite 20 vorgestellt. Auch hier besteht die Farbwahl zwischen Sandbeige und Dunkelbraun. Da dieser »mini« vielen seiner Dauerbewohner allmählich zu klein wurde, der 1-Liter-Tank aber noch zu groß war, entstand das rechts unten gezeigte Halbliter-Gefäß HT 0,5.

Hierzu kommt als weitere Neuheit die im Kapitel von der Hydro-Kinderstube auf Seite 107 ein-

Oben: Der Tank darf jederzeit mit kaltem Leitungswasser am Wasserhahn auf- oder nachgefüllt werden – er gibt so wenig davon ins Gefäß ab, daß die Temperatur sich ohne Schaden für die Pflanze ausgleicht.

Unten: Links nochmal ein »mini« mit kleiner *Aloë mitriformis;* in der Bildmitte das neue Halblitergefäß mit einem besonders buntbelaubten, blühenden Kroton *(Codiaeum).*

Neuer Weg: Der Hydro-Tank

Der im Tischgefäß eingebaute S-Tank ist für die hier wachsende und blühende *Phalaenopsis* auf 5 mm (!) eingestellt.

Von 0–30 mm reicht die Spannweite des präzise einstellbaren Wasserstandes beim S-Tank. Man braucht sich nur nach der aufgedruckten Skala des Tankes zu richten.

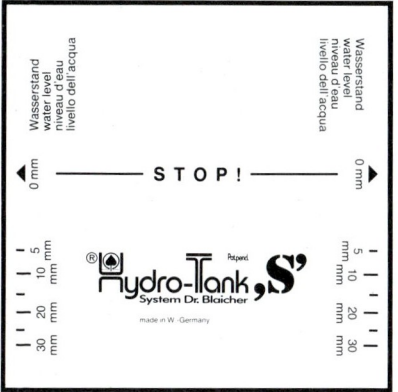

gefügte Anzuchtschale für Küchenkräuter und Vorkulturen aller Art, aber auch als Kakteengärtchen. Für die Tischgefäße gibt es außer der normalen Version inzwischen noch den S-Tank mit allerniedrigstem Wasserstand. Mehr darüber im Kapitel »Neue HYDRO-TANK-Praxis« ab Seite 102.

> Der Normalwasserstand beträgt beim 1-Liter-Tank im Tischgefäß 20 mm (Erhöhung im Sonderfall/ Urlaub bis 50 mm). Der S-Tank erlaubt Wasserstände zwischen 0 und 30 mm.

Unberührt bleibt davon die Möglichkeit der Pflanze, aus dem Vorrat im Tank »automatisch« dennoch stets soviel Wasser aufzusaugen, wie sie in der Wachstums- und in der Ruhezeit benötigt. Nur die Intervalle für das Nachfüllen des Tankes nach Hochdrehen des geheimnisvollen Loches Marke »Hühnertränke« verlängern sich entsprechend. Dennoch herrscht beständig die von den Wurzeln so dringend benötigte Luftfeuchtigkeit in dem mit Blähton gefüllten Kulturtopf: denn Blähton unserer Qualität besitzt eben jene bedingte Kapillarität, die im Zusammenhang mit den übrigen Faktoren dem System Dr. Blaicher seine bisher einmalige Gültigkeit verschafft. Bei Großgefäßen verlängert sie die üblichen Termine der Wasserversorgung je nach Bepflanzung um Wochen.

Neuer Weg: Der Hydro-Tank

Der 6-Liter-Einbau-Tank kann bei der Bepflanzung und ebenso nachträglich in jedem Großgefäß ab 65 cm Durchmesser oder Kantenlänge eingebaut werden. Maße des Rahmens: L 305 mm, B 190 mm, H 210 mm. Für »kleinere Großgefäße« ab 35 cm Durchmesser oder Kantenlänge gibt es das gleiche Modell als 2-Liter-Einbau-Tank mit den Maßen: L 190 mm, B 110 mm, H 210 mm.

Jedes »Gießen von oben« entfällt, aber der Tank kann bei leichtester Entnahme, vor allem auch beim Tischgefäß, jederzeit, ohne schon entleert zu sein, nachgefüllt werden. Über Handhabung und weitere Entwicklung siehe das Kapitel »Neue HYDRO-TANK-Praxis« ab Seite 102. Bezug und Information bei Hydro-Tank Dr. W. Blaicher (Adresse im Bezugsquellenverzeichnis Seite 124).

Blähton, das Kultursubstrat

LECATON und LECADAN

Blähton ist die Ausgangsbezeichnung für jenes strukturstabile, faulungsfeste, leichte Hydro-Kultursubstrat, das nun schon etwa seit Mitte der sechziger Jahre unangefochten den Markt beherrscht.
LECATON war das schon längst von der Bauwelt anerkannte internationale Kürzel englischer Prägung und gilt bis heute vor allem auch im Hydrokulturbereich als Qualitätsbegriff. Zerlegt man aber das Kurzwort L-E-C-A in seine Bestandteile, so heißt es nichts weiter als »Light expanded clay aggregate«: auf deutsch also »leicht ausgedehnter» – oder freier übersetzt und den Vorgang noch deutlicher umschreibend – »aufgeblähter« Ton.

Im Fachanbau sehr geschätzt, aber immer noch nicht am Markt ist LECADAN mit kleinerem, stärker gebrochenem Korn. Eignung besonders fürs Freiland. Auch für die Bahnsteiganlage (S. 115) verwendet.

Ton als uraltes, schon seit biblischen Zeiten genanntes Verwitterungsgestein, ist ja nicht immer gleich, sondern seinen Herkünften entsprechend in der Zusammensetzung und chemischen Reaktion sehr verschieden. Nur unser Blähton besitzt die für ihn so typische

Blähton, das Kultursubstrat

Eigenschaft, daß er ähnlich wie mit Backpulver vermischter Kuchenteig bei entsprechend hohen Temperaturen »aufgeht« wie eine Dampfnudel en miniature. Da bilden sich in den zunächst noch schweren Tonkügelchen zahllose Luftblasen, die dem Blähton seine für unsere Zwecke so erwünschte Teil-Kapillarität verleihen.

Die Herstellung aus dem Abbau von Rohtonschichten mit Blähfähigkeit ist nicht ganz einfach. Nach verschiedenen Vorbehandlungen kommt das Naturprodukt in einen achtzig Meter langen, zweiteiligen Drehrohr-Ofen, und hier blähen sich nun die Tonkügelchen bei 1200 °C durch den Brennvorgang auf. Wenn also jemand behauptet, Blähton werde mit Hilfe von Preßluft gewonnen, so ist das blühender Unsinn. Hitze und der eigene Gehalt an Carbonat (= Kohlensaures Salz) bewirken jene für Luft- und Wasserführung im Wurzelbereich der Hydropflanzen so einmalige Struktur: im Innern die teils offenen, teils geschlossenen Poren und dazu eine auch nur bedingt durchlässige Außenhaut.

Dieses Einzelkorn läßt das »Aufgehen« von innen und die nur bedingt geschlossene Oberfläche gut erkennen.

Der Querschnitt zeigt die hohe Lufthaltigkeit der nur unregelmäßig zusammenhängenden Poren im Innern.

Blähton, das Kultursubstrat

Leichtigkeit auf die Probe gestellt: Blähton schwimmt überwiegend auf dem Wasser und bestätigt auch damit wieder, daß er – zumindest für den Hausgebrauch – bisher von keinem anderen Hydrokultur-Substrat übertroffen werden konnte.

Wie aber kam der Zuschlagstoff für Isolations- und Konstruktions-Leichtbeton zur Hydrokultur? Da er hier – nicht anders als etwa weitere 10 Jahre später die Ionenaustauscher-Kultur mit Lewatit HD 5 – gewissermaßen völlig neue Möglichkeiten erschloß, darf man diese entscheidend wichtigen Zusammenhänge nicht einfach vergessen. Kaum jemand wird sich heute noch daran erinnern, wie schwer wir Pioniere der Hydrokultur es im wahr-

sten Sinne des Wortes dereinst mit unserem Basaltsplitt und unseren Quarzkieseln vor der Entdeckung des Blähtons hatten. Ihr Gewicht allein schon genügte, daß man von Großgefäßen, die recht eigentlich den Siegeszug der modernen Hydrokultur begründen halfen, kaum zu träumen wagte. Bis eben der damals noch junge Schweizer Gerhard Baumann auf dem Plan erschien. Er arbeitete im väterlichen Baugeschäft unweit Bern, war nebenbei das, was wir heute einen Blumenfan nennen würden, und wünschte nichts dringlicher, als die unzureichenden Lösungen der Hydroponik amerikanischer Vorkriegsprägung zu verbessern. So kam er auf den Lecaton als Versuchsobjekt und fand jenen neuen Weg, der zum Dauererfolg führen sollte.

Er hat lange herumexperimentiert. Denn außer dem »Leichtgewicht« von nur 7 Ztr./m³ gegenüber 15 Ztr. der gleichen Menge Basaltsplitt mußte der Blähton als gültiges Hydrokultursubstrat ja noch andere positive Eigenschaften besitzen. Zunächst ging es um eine reinliche Scheidung zwischen dem billigeren Blähton als Zuschlagstoff im Baugewerbe und dem in seiner chemischen Zusammensetzung einwandfreien Material mit Qualitätsgarantie für gärtnerischen Gebrauch. Auf sie sollte man auch heute noch genau achten.

Von größter Wichtigkeit erwies sich in neuerer Zeit die Erkenntnis, wel-

Blähton, das Kultursubstrat

che entscheidende Rolle der Blähton für die unerläßliche Sauerstoff-Versorgung der Wurzeln spielt. Sie beruht auf einer Art von Doppelgesichtigkeit seiner physikalischen Eigenschaften: einerseits enthält er als wesentlichen Bestandteil das wasserabweisende Siliciumdioxid (SiO_2), während die dem Wasser zugänglichen Poren es natürlich aufnehmen und im Verdunsten auch freiwillig wieder abgeben. So entsteht eben jene Mischungsfähigkeit von Luft und Wasser, wie die Wurzeln sie zu ihrer Gesunderhaltung brauchen.

Freilich kann der Blähton seine Aufgabe nur erfüllen, wenn er weder trocken steht (Grafik oben), noch zu hoch mit Wasser aufgefüllt ist (Grafik unten). Und wieder einmal ergibt sich hieraus die Erkenntnis: weder die altbeliebten Wechselbäder zwischen zu hoch und trocken, noch einfaches »Ersäufen« durch randvoll übergossene Gefäße dienen unseren Pflanzen, sondern ideal ist der gleichbleibend niedrige Wasserstand (Grafik Mitte).

Oben: Wasserstand völlig abgesunken, keine Luftfeuchtigkeit mehr durch Blähton: für viele Pflanzen Gefahr!

Mitte: Wasserstand dauernd um 20 mm: beste wurzelgemäße Luftfeuchtigkeit im Kulturtopf durch den Blähton bis an die Oberfläche.

Unten: Wasserstand 50 mm und mehr: Blähton im Wasser kann keine Luftfeuchtigkeit bilden, Wurzeln leiden.

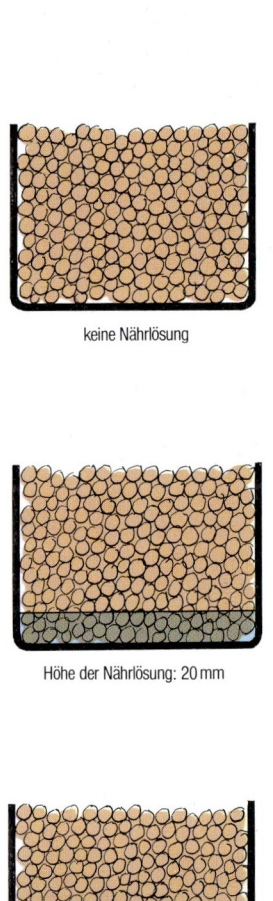

keine Nährlösung

Höhe der Nährlösung: 20 mm

Höhe der Nährlösung: 50 mm

Aus Wasser wird Nährlösung

Ehe das Wasser zur Nährlösung wird, muß leider klargestellt werden, was eigentlich jeder weiß: Wasser ist nicht gleich Wasser, sondern in seiner Zusammensetzung sehr verschieden.

So ist es denn auch eine uralte Hausfrauen-Erfahrung, daß vor allem die Abstufungen zwischen hartem und weichem Wasser ihr vom Geschirrspülen bis zum Wäschewaschen – vom Teigwarenkochen bis zum Zimmerpflanzengießen allein schon im Umgang mit dem Leitungswasser erhebliche Sachkenntnisse abverlangen. Das Stichwort »Zimmerpflanzenpflege« genügt vollauf, um uns – obzwar unter wesentlich anderen Voraussetzungen – mitten in die Problematik rund um das Wasser hineinzuführen.

Wasserhärte: sehr verschieden!

Sehr weich: Oberwesel/Rh. 1,9; Passau 2,8; Freiburg i. Br. 3,6

Weich: Kaiserslautern 4,6; Hagen 6,7; Marburg 7,4; Essen 7,8

Mittelhart: Konstanz 9,2; Flensburg 9,3; Coburg 9,6; Hamm 11

Ziemlich hart: Darmstadt 12,3; Ulm 13,4; Bonn 16,3; Kassel 17,9

Hart: Düsseldorf 19; Frankfurt 24; Mannheim 25; Köln 28; Esslingen 29

Sehr hart: Mainz 33,6; Heilbronn bis 35,4; Tübingen bis 40,0; Eschwege 71

Auslandsbeispiele: Innsbruck 6–7; Wien 6–14; Zürich 7,4–14; Bern 11–16,5; Graz 16–27; Genf 26 (Die Doppelwerte entstehen durch Belieferung aus verschiedenen Herkünften, z. B. Seewasser und Grundwasser. Angaben nach H. Römpp, Chemie-Lexikon, und Wasserwerken.)

In jedem Blumenbuch kann man immer wieder lesen, daß diese und jene Pflanze nur gedeiht, wenn sie bei entsprechender Erdmischung mit »enthärtetem« Wasser gegossen wird. Denken wir an die Azalee, die Kamelie, auch Philodendren und andere Gewächse des tropischen Regenwaldes. Früher war das kein Problem: für alle Fälle konnte man sich mit Regenwasser weiterhelfen.

Heute sind Regenwasser und erst recht aufgetauter Schnee wegen gefährlicher Verschmutzung als Gießwasser und ebenso für Hydrokultur streng verboten.

Es sei denn, sie würden zuvor mit Aktivkohle gefiltert. Doch wer macht das schon …

Aber wir wollen die Dinge nicht unnötig komplizieren. Die kleine Tabelle mit einigen Stichproben hier gleich nebenan belehrt darüber, wie weit auseinander und örtlich getrennt die uns interessierenden Werte liegen. Und hier auch liegen – man muß es offen bekennen – die Grenzen der Hydrokultur, soweit es um Nährlösung geht. Ohne erst noch auf den zusätzlich komplizierenden Bereich der pH-Werte einzugehen, sei festgestellt: wo ab Wasserwerk das Wasser mit weniger als $8°$ dH (= deutsche Härte) aus der Leitung fließt, wenden wir die seit Ausbau der Hydrokultur zu einem festumrissenen System gewordene konservative Methode an:

Aus Wasser wird Nährlösung

Die Wasserhärte testen

MERCKOQUANT-Stäbchen für den Gesamthärte-Test zeigen mit Hilfe von vier verschiedenen »Zonen« durch Eintauchen in Wasser dessen jeweilige Härte an. Keine Verfärbung aller vier Zonen heißt: weichstes Wasser unter 3° dH; eine Zone bedeutet weiches Wasser zwischen 4–7° dH; zwei Zonen verfärben sich, wenn die »mittlere Härte« von 8–14° dH besteht; drei Zonen zeigen schon hartes Wasser von 16–21° dH an. Einfärbung aller vier Zonen ist das Signal für sehr hartes Wasser über 23° dH.

Dose nach Entnahme immer sofort wieder schließen; auf Verfallsdatum achten.

Bezug über die Apotheke oder bei VDSF Verlags- und Vertriebs-GmbH (Adresse siehe Seite 124).

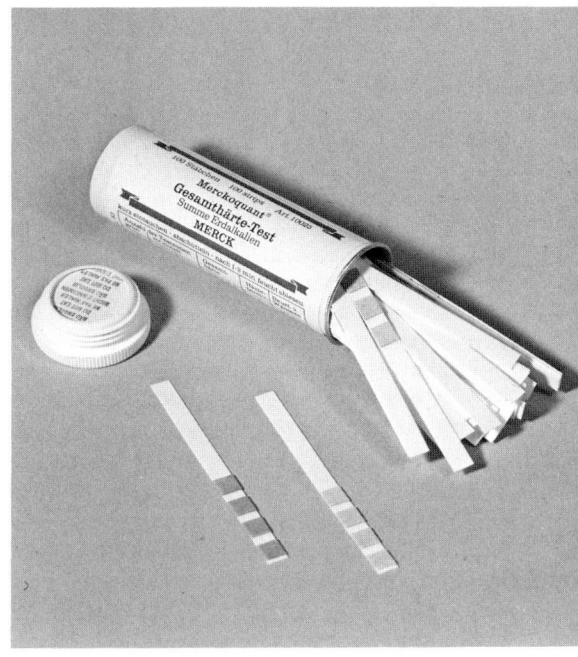

»Weiches Wasser« vom Werk unter 8° dH bis zu den niedrigsten Werten kann also unbedenklich zum Ansetzen von Nährlösung mit den hierfür angebotenen Fertigpräparaten des Handels verwendet werden.

Natürlich gibt es auch noch die Möglichkeit, zum Festhalten an der konservativen Methode härteres Leitungswasser chemisch aufzubereiten. Fertigpräparate sind nur dann geeignet, wenn sie keinerlei düngende Zusätze enthalten. Dies gilt für das früher sehr geschätzte AQUISAL. Leider hat es mit seinem neuen Namen FLEUR WASSERWEICH eben jene düngenden Zusätze übernommen, deren sich beispielsweise auch AQUASOFT von COMPO und andere rühmen. Zur Wasserenthärtung für Hydrokultur sind sie unbrauchbar.

Übrigens sollte man sich als Hydrofreund zur eigenen Erleichterung von vornherein daran gewöhnen, in unserem Bereich nie von »Gießen« und »Düngen« zu sprechen und dadurch Verwechslungen mit Maßnahmen und Präparaten der Erdkultur vorbeugen.

Hydropflanzen erhalten speziell für ihre Situation zusammengestellte

41

Aus Wasser wird Nährlösung

Nährstoffe, die über normale »Blumendünger« hinausreichen. Dies bedeutet nebenbei:

Nährstoffe der Hydrokultur kann man gut auch zum Düngen von Topfblumen in Erde verwenden – aber einfacher Blumendünger reicht für Hydro nicht aus.

Alle diese Dinge sind wichtig, denn es gibt noch immer einen großen Kreis von Hydrofreunden, die schon allein vom Leitungswasser ihres Wohnsitzes her der konservativen Methode huldigen oder vielleicht sogar ohne große Kosten an destilliertes Wasser (»Aquadest«) kommen, was sie – wie einst das Regenwasser – jeglicher Bedenken wegen der Wasserhärte und sonstiger Probleme, auch von unerwünschten Salzkonzentrationen in Bodenresten verbrauchter Nährlösung, enthebt.

Flüssigkonzentrate und die heute weniger gebräuchlichen Pulver enthalten Mineralien wie Calcium, Kalium, Magnesiumsulfat (Bittersalz), Phosphat, auch Eisen und dazu sonstige Wirkstoffe in Gestalt der sogenannten Spurenelemente und Vitamine.

Die Pflanze entnimmt der Nährlösung die für ihr Wachstum nötigen Stoffe, wobei jedoch immer Salzreste zurückbleiben und sich mit der Zeit pflanzenschädigend auswirken können.

Daher die Regel: vor jeder Neuversorgung mit Nährlösung die Hydrogefäße gründlich säubern!

Aber dies gehört eigentlich schon zur laufenden Pflege. Notiz: Ein »Bio-Dung-Hydro-Dünger« tauchte auf, – ein Mißverständnis?

Und nun zum Ionenaustauscher!

Ehe als Schlußeffekt dieses Kapitels über Wasser und Nährlösung die Vorzüge der Hydrokultur mit Ionenaustauscher geschildert werden, bleibt ein offenes Problem, an dem wir leider nicht mehr ganz vorbeikommen.

In einem der neueren Bücher über die Hydrokultur steht: »Bei Gießwasser aus Enthärtungsanlagen muß man aufpassen … man sollte besser derart aufbereitetes Wasser erst gar nicht gießen.« Gemeint sind hier Haushalt-Enthärtungsanlagen, die nach verschiedensten Methoden arbeiten und pflanzenschädlich wirken können.

Ich weiß bisher nur zwei Lösungen:

Die auf S. 44 abgebildeten MERCKOQUANT-Nitrat-Teststäbchen sind für den Großverbrauch in Packungen mit 100 Stäbchen, für den Kleinverbraucher außerdem in praktischen 25-Stück-Dosen erhältlich. Man kann sie über eine Apotheke vor Ort beziehen oder bei der VDSF-Verlags- und Vertriebs-GmbH bestellen (Adresse siehe Bezugsquellen auf Seite 124).

Aus Wasser wird Nährlösung

Alle Enthärtungsprobleme kann man vergessen bei den neuen elektromagnetischen Wasserenthärtern (genaugenommen sind es »Umkristallisierungsgeräte«). An ihnen hat man nicht nur aus Umweltschutzgründen seine Freude, weil »Regeneriersalz« nicht mehr nötig ist. Auch funktioniert Lewatit HD 5 bestens in so aufbereitetem Wasser. Überhaupt Enthärter: Weder bekommt man von hartem Wasser Zahnstein noch verkalkte Haut durch Duschen, auch die Pflanzen gehen nicht gleich ein. Der Freund von Spezialkulturen wird eher auf den pH-Wert achten und ihn bei Orchideen zum Beispiel auf 6,5 halten. Hält man das Brauchwasser auf einer Temperatur von etwa 60 °C, so setzt sich kaum etwas ab.

Reine Freude herrscht dagegen bei den Hydrofreunden, wenn die örtlichen Verhältnisse ihnen das richtige Leitungswasser für die Verwendung von LEWATIT HD 5 bescheren. Es sind nicht wenige, denn in weit über 50% aller bundesdeutschen Haushaltungen fließt – vom menschlichen Standpunkt aus – zwar gesundes, aber für andere Zwecke zu hartes Wasser aus der Leitung.

Die Verpackung hat sich geändert, der Inhalt blieb gleich. Nährsalze und deren Lösungen sind nach wie vor unveränderter Bestandteil der Hydrokultur, zumal bei weichem Wasser. Sollte eine Nährsalzkombination nicht die gewünschte Wirkung haben, kann es an der Konzentration liegen – oft ist sie zu hoch. Daher ruhig einmal Wasser ohne Zusatz nachfüllen und beobachten. Zwischen Oktober und März ist keine Nährstoffzugabe oft sogar besser. Ausprobieren!

Aus Wasser wird Nährlösung

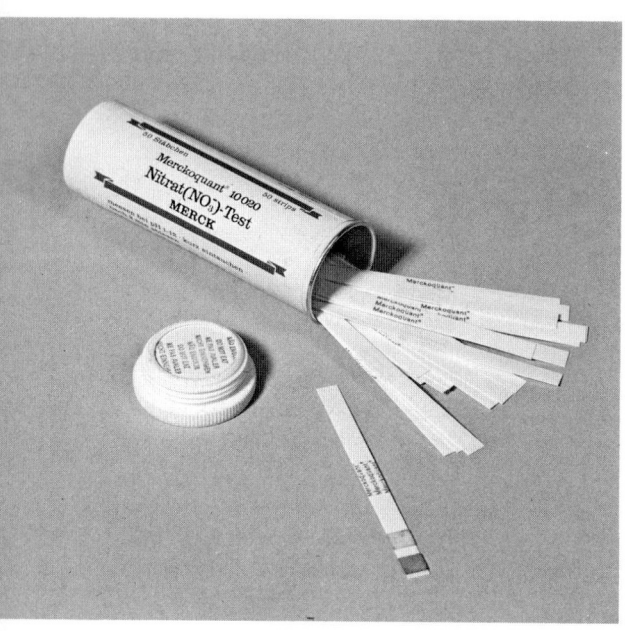

Vieles geht leichter, seit es die MERCKOQUANT-Nitrat-Teststäbchen gibt. Sie haben zwei Warnzonen. Nur die untere Zone soll sich nach Eintauchen in die Nährlösung bis tief violett färben und so den Nährstoffgehalt anzeigen. Prüfung durch Vergleich mit Farbskala auf der Dose. Färbt sich die obere Zone mit ein, so signalisiert dies die Anwesenheit von Nitrit als Folge einer Verschmutzung, Überwässerung oder sonst eines Kulturfehlers. Als Abhilfe genügt meist schon Senken des Wasserstandes.
Dose nach Stäbchen-Entnahme jeweils sofort wieder verschließen; auf Verfallsdatum achten. Näheres Seite 42.

Für unsere Zwecke kann es ab etwa 15°dH bis in (allerdings seltene) extreme Höhen reichen.

Dort wird man besonders in Ruhezeiten sparsamer »füttern« und auch gut zurechtkommen.
Was aber ist eigentlich LEWATIT HD 5? Gerade weil es im Reiche der chemischen Industrie so viele Ionenaustauscher (auch mit dem Familiennamen LEWATIT) gibt, soll man zur Vermeidung von Irrtümern den alten »Labornamen« HD 5 als Markenzeichen nie weglassen.
LEWATIT HD 5 ist ein goldbraunes Kunststoff-Granulat, das man mit Nährstoffen für Langzeitwirkung »beladen« hat. Es bindet den in hartem Wasser vorhandenen Überschuß an Mineralien und gibt dafür – natürlich in Lösung – Nährstoffe ab.
LEWATIT HD 5 wird jetzt auch für weiches Wasser angeboten. Dies funktioniert dadurch, daß zweiwertige Salze beigegeben werden, die eine künstliche Wasserhärte erzeugen. »Bedürfnisweckung« nennen das die Konsumpsychologen.
Was nun die Menge und Dauerwirkung von LEWATIT HD 5 angeht, so kann es sich hier bei den Gebrauchsanweisungen – wie in allen solchen Fällen – stets nur um Durchschnittswerte handeln. Große

Aus Wasser wird Nährlösung

Pflanzen brauchen mehr als kleine; bestimmte Pflanzenarten – wie beispielsweise die Kakteen und andere Sukkulenten oder auch die Orchideen – haben von Natur einen niedrigeren Nährstoff-Verbrauch; in Ruhezeiten erst recht! Dies alles kann man am besten mit Hilfe des MERCKOQUANT-Nitratstäbchens selbst ausprobieren und auch am leichtesten begreifen, welche großartige Bereicherung die Entwicklung des LEWATIT HD 5 für die gesamte Hydrokultur bedeutet. Mancher Unsinn wurde natürlich auch schon darüber geschrieben und sonstig verbreitet. Weder besteht das Granulat aus »düngergefüllten Hohlkügelchen«, die somit nach Verbrauch der Nährstoffe wie leere Eierschalen zurückbleiben müßten, noch zeigt das goldbraune Granulat durch Schwarzfärbung an, daß die Pflanze nichts mehr mit ihm austauschen kann.

Dennoch sind große Reinigungszeremonien von einer »Nachfütterung« zur anderen unnötig. Es gibt Leute mit voll intakten alten Hydro-Anlagen, in denen das LEWATIT HD 5 seit Jahren nicht ausgespült wurde. Aber das geht doch etwas weit ...

Die anfängliche Ionenaustauscher-Euphorie ist etwas gewichen. Hauptnachteil: Die Nährstoffabgabe ist von dem Wasserverbrauch der Pflanze und von der Wasserhärte abhängig. Leider richtet sich die Pflanze bei ihrem Nahrungshunger weder nach dem einen noch nach dem anderen. Eine wechselnde und kombinierte Anwendung von Konzentrat und Lewatit HD 5 macht daher durchaus Sinn. Das um 1975 entwickelte Bayer-Produkt wird von etlichen Firmen in verschiedenen Verpackungen angeboten.

Hydropflanzen selbst umgestellt

Risiko als Hobby?

Es lohnt sich eigentlich nicht, viel Aufhebens davon zu machen und nach Gründen zu suchen: auf jeden Fall steht fest, daß heute, wo man beinahe schon in jedem Blumengeschäft, auf dem Markt und sogar im Pflanzenversandhandel »fertige« Hydropflanzen kaufen kann, das Selber-Umstellen schier wieder große Mode zu werden beginnt.

Ich selbst habe früher, als die Pioniere der Hydrokultur noch hoffnungsfreudig auf Hydrogärtnereien mit sachgemäß vorkultivierten Pflanzen Ausschau hielten, vom »Risiko des Selbst-Umstellens« gesprochen. In einem der Hydrobücher aus jüngster Zeit – von einem Gärtner verfaßt – findet sich sogar die schöne Kapitel-Überschrift »Risiko als Hobby«. Dennoch: ein Risiko scheint inzwischen des anderen wert geworden zu sein: auch bei »fertig gekauften« Pflanzen geht man ja zwangsläufig ebenfalls manches Risiko ein.

Wer aber das Selbst-Umstellen richtig macht, der wird auch Erfolg haben und keinen Kummer mit unerklärlichen Verlusten nach dem Erwerb aus fremder Hand.

Er kennt den Inhalt seines Kulturtopfes ohne einengende Anzuchtbehältnisse bis auf den Grund. Das Gedeihen der Pflanze bestätigt: hier war kein Handelsrisiko dabei. Und wenn wir früher sagten: Selbstumgestelltes ist weniger wüchsig, so kann dies das kleinere Übel sein!

Um es vorwegzunehmen: so prächtig sah das arme Ding aus dem viel zu kleinen Erdtöpfchen 3 Monate nach der Umstellung aus. Sein botanischer Name: *Senecio macroglossus* 'Variegatus', zu deutsch: »Weißbunter Afrikanischer Efeu«, eine gelb blühende Sukkulente aus der Familie der Kompositen oder Korbblütler – nur daß sie eben so kurz nach der Umstellung zum Blühen nicht bereit war.

Hydropflanzen selbst umgestellt

Fehlerquellen

Andererseits kann der Hydrofreund gerade beim Umstellen entscheidende Fehler machen, die an sich leicht zu vermeiden wären, wenn man ein bißchen »biologisch« denken würde. Soll eine bisher in Erde gehaltene Pflanze das tatsächlich vorhandene Risiko des Umstellens überwinden, so muß man ihr beste Voraussetzungen dafür geben. Das heißt:

Alter, allgemeiner Gesundheitszustand und Wachstumsrhythmus spielen eine entscheidende Rolle.

Oder anders gesagt: nur junge, am besten nicht mehr als 2–3 Jahre alte Pflanzen in voller Triebkraft sind imstande, ihr Wurzelwesen und ihren gesamten Ernährungshaushalt aus

der organischen Lebensform in Erde zu lösen und nach einer nicht immer leichten Übergangszeit in den Genuß der unbestreitbar großen Vorzüge des anorganischen Daseins in Hydrokultur zu gelangen. Vorausgesetzt, daß diese Vorzüge nicht durch menschliche Kulturfehler – voran unüberlegtes Gießen – zunichte gemacht werden.

Die Pflanze soll »in bester Triebkraft« sein: dies fällt bei den meisten Zimmerpflanzen in die Wochen des späten Frühlings oder beginnenden Sommers. Helligkeit, Wärme und Luftfeuchtigkeit sind häufig entscheidend wichtig.

Die Umstellung

Die Entnahme aus dem Blumentopf erfordert manchmal einige Überle-

Der viel zu klein gewordene Blumentopf gibt nach Umfahren mit einem Messer und Einweichen über Nacht den Wurzelballen frei.

Nach vorsichtiger Entfernung größerer Erdteile Wurzeln in reichlich lauwarmem Wasser allmählich immer mehr bloßlegen.

Hydropflanzen selbst umgestellt

Nach ausreichender Vorbereitung die Wurzeln noch einmal lauwarm nachspülen, bis letzte Erdreste entfernt sind.

Die Pflanze in Erde hat drei selbständige Teile ergeben: sie liegen nun »sauber gewaschen« zur Umstellung bereit.

gung. Keinesfalls sollen Wurzeln aus dem Abzugsloch einfach weggeschnitten werden. Festhaften des Wurzelballens an den Wandungen überwindet man leicht durch einmaliges Herumfahren mit einem Küchenmesser.

> Unbeschädigtes Freilegen des ganzen Wurzelballens gelingt am besten mit einem kräftigen Hammerschlag gegen die Kante des Topfbodens.

Dann springt nämlich fast immer der Boden um das Abzugsloch entzwei, so daß die Wurzel unverletzt entnommen werden kann. Nun entfernt man zunächst soviel Erde wie möglich mit der Hand und löst dabei schon größere Wurzelteile voneinander. Meist hängt insgesamt – vor allem an den feineren Endwurzeln –

noch soviel Erde fest, daß nach ersten vorsichtigen Spülmaßnahmen Einstellen in ein Gefäß mit leicht angewärmtem Wasser unerläßlich wird. Nicht immer geben gerade die feinen und zum Übergang in Hydro wichtigsten Würzelchen ihre Verbindung mit der Erde über Nacht freiwillig auf. Mit immer wiederholten sanften Zwischenspülungen – manche Hydrofreunde nehmen dazu sogar ihre Munddusche – kann die ganze Prozedur 2 Tage dauern. Eine gleichmäßige Temperatur von 20–22 °C wäre dafür wohl erwünscht, doch ohne regelbare Heizung kaum erreichbar. Nach meinen Erfahrungen genügt es aber, wenn nur ausgesprochene Kälteschocks mit frischem Leitungswasser vermieden werden und für das Abstehenlassen Zimmertemperatur gewahrt bleibt.

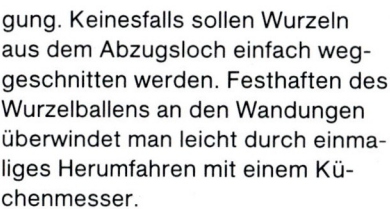

Hydropflanzen selbst umgestellt

Der Kulturtopf, dessen Boden schon mit Blähton gefüllt ist, steht bereit: aber ein kleiner »Wurzelschnitt« fehlt noch.

Hier werden die drei Teile erst einmal probeweise in den Kulturtopf eingestellt: ob der Stand richtig wird.

Endlich sind die Wurzeln von allen Erdresten befreit. Aber ehe es ans Einsetzen in den bereitgestellten Kulturtopf und ans Auffüllen mit dem zuvor (warm!) sauber gespülten Blähton geht, wird doch die ganze Pflanze noch einmal – mit der kleinen Rosenschere in der Hand – genau durchgesehen: angeknickte oder schon braun verfärbte Wurzelteile müssen entfernt, auch oberirdisch – dem Wurzelschnitt entsprechend – vielleicht ein paar Triebe weggenommen werden.

Das ist genau wie im Garten, wo ja beim Umsetzen dem Rückschnitt der Wurzelkrone immer ein Rückschnitt der Laubkrone entsprechen soll.

Der Kulturtopf wird je nach Art der Pflanze – kleiner für langsam

wachsende Kakteen und andere Sukkulenten, größer für Starkwüchsige – auf jeden Fall reichlich bemessen. Was für Erdpflanzen schädlich sein kann, schadet als Vorschuß für die Zukunft ohne häufiges Umsetzen bei Hydropflanzen nichts. Auf jeden Fall aber gehört auf den Boden des Kulturtopfes – je nach Umfang der Bewurzelung – eine Schicht Blähton. Auf ihr werden zunächst die Wurzeln ohne Knicken oder Brechen gleichmäßig ausgebreitet.

Dann folgt – am besten aus einer Kanne mit breiter Schnaupe – das Einfüllen des Blähtons genau wie das Bild Seite 50 es zeigt.

Langsames Drehen und leichtes Rütteln des Kulturtopfes beim Einfüllen des Blähtons bewirken, daß

Hydropflanzen selbst umgestellt

Oben: Lauwarm gespülten Blähton mit sanftem Rütteln und Drehen des Kulturtopfes so hoch auffüllen, wie die Pflanze vorher im Blumentopf gestanden hat. – Unten: Fertig für das Hydrogefäß!

Wurzeln und Substrat sich ohne Hohlräume miteinander »arrangieren« und die Pflanze ohne Gewalt »auf Mitte« steht. Andrücken des Blähtons wie bei Erdpflanzung ist grundverkehrt und bringt unweigerlich Wurzelschäden. Die Umstellung ist soweit fertig. Es kommt nun eine Übergangszeit bis zum Erfolg des ersten Austriebs.

Ein warmer, heller, doch nicht sonniger Standort und vorsichtigste Bewässerung sind unabdingbare Voraussetzungen. Die Wurzeln müssen sich dem fremden Element anpassen. Sie brauchen Feuchtigkeit, aber keine Nässe, womöglich mit Fäulnisgefahr.

Wer nach der konventionellen Methode arbeitet, gibt mindestens 2 Wochen nur klares Wasser. LEWATIT HD 5 kann gleich dem »Grundwasser« im Hydrogefäß zugesetzt werden. Der Wasserstand soll die Wurzeln im Kulturtopf knapp erreichen, damit sie feucht, aber noch atemfähig sind.

Auch eine »Umgestellte« aus viel zu kleinem ▶ Erdtopf ist diese *Stephanotis floribunda* oder Kranzschlinge, bekannt als sehr starkwüchsige Schwester der Wachsblume. Im relativ großen Hydrogefäß »Wiesbaden« hatte ihre blühfreudige Zukunft alsbald begonnen: ein Beispiel für die Überlegenheit richtig angewandter Hydrokultur ohne Quälerei mit Beipflanzen. Als Stützen dienen Glasfaserstäbe: keine Fäulnisgefahr wie bei Holz oder Bambus in Nährlösung!

Unsere Pflanzenauswahl

»Pflanzenauswahl« ist ein dehnbarer Begriff. Es gibt arme Unwissende, die erklären, daß insgesamt nicht mehr als ein Dutzend Zimmerpflanzen wirklich für Hydrokultur geeignet seien. Wieder andere meinen – und beweisen es auch durch ihre berufliche Konzentration auf diesen Bereich – man solle Hydrokultur ausschließlich auf Immergrünes beschränken, denn wirklich brauchbare Blütenpflanzen seien bisher nicht erfunden. Optimisten dagegen behaupten fröhlich, vom Sortiment der Topfgewächse ausgehend: wer genug davon versteht, kann einfach alles in Hydrokultur halten.

Die Wahrheit liegt – wie so oft im Leben – in der Mitte: vieles geht, aber nicht alles geht gleich gut.

Denn wie schon mehrfach betont, hat auch die Hydrokultur bei allen Vorzügen ihre Grenzen. Der Mensch als ihr Liebhaber und Pfleger hat seine Grenzen. Die Standorte haben ihre Grenzen. Und schließlich kommt es noch entscheidend darauf an, welche Qualität die Pflanze als Individuum beim Kauf mitbringt oder bei Selbstumstellung zu entwickeln vermag. Auswahl – oder besser: Auslese – muß also sein. Und wer hier die Kunst des Möglichen zu üben vermag, wird auf Dauer bestimmt die besten Erfolge haben. Zudem ist »Pflanzenauswahl« heute weniger denn je ein feststehender Begriff.

Seit alle Wege rund um die Welt so offen sind, kommt auch und gerade bei der Hydrokultur ständig Neues hinzu, bewährt sich in der Praxis oder wird nach kurzem Modedasein wieder verworfen.

In diesem Sinne ist unsere »Pflanzenauswahl« auch mehr eine Vorschlagsliste, die keinerlei Anspruch auf Vollständigkeit erhebt.

Aber was da in Bild und Wort vorgestellt wird, ist selbst erprobt, überwiegend aus eigenem Besitz und somit eine Auslese, von der aus jeder auf eigene Weise weiterbauen kann. Daß nicht alles auf Anhieb gelingt und man auch mal einen Verlust hinnehmen muß, liegt in der Natur der Sache. Aber eine so maßvoll bepflanzte Gruppe von Großgefäßen wie die hier nebenan mag schon einige Jahre durchhalten.

Robustes in Grün

Da sieht man »robustes Grün« in sinnvoller Variation, und wer bei den **Dieffenbachien** keine Blütenstände zur Entwicklung kommen läßt, sondern jeden im Frühjahr sogleich

Rechts: Dekorative Gruppe aus zwei Großgefäßen, deren rotes Oberteil hinten einen ausgezeichnet belebenden Kontrast zu der maßvollen Grünbepflanzung ohne falsches Beiwerk bildet. Die Dieffenbachien im Vordergrund werden überhöht von einer heute so beliebten *Schefflera arboricola* (LUWASA).

Unsere Pflanzenauswahl

ausbricht, wird dadurch an den vielartig gezeichneten Blättern ohne Wachstumsminderung Freude haben. Erwähnt sei noch die kleinblättrige, buschige **Schefflera** '**Hongkong**': sie bleibt auch bei wärmerem Winterstand frei von den Gefahren der Verlausung.

Im großen Kreis der Aronstabgewächse, zu denen übrigens auch die *Dieffenbachia* zählt, sind *Monstera,* das **Fensterblatt** und *Philo-* *dendron,* der **Baumfreund,** mit die unentbehrlichsten Gestalten: Wegbegleiter auf Jahre, ganzjährig dekorativ und in manchen Arten sogar willig blühend, – leicht vermehrbar und einfach zu pflegen.

Von Blattglanzmitteln, wie sie bei Blattpflanzen eingesetzt werden,

Bis zu einem »kleinen Großgefäß« von TWL hat es dieses prächtig blühende Einblatt oder *Spathiphyllum* der zu Gruppenbildung neigenden Art *wallisii* gebracht. Bestens in Hydro!

Auch diese Gruppe von LUWASA zeigt, wie man der Einzelpflanze im Hydrogefäß ohne einengendes Beiwerk ihren vollen Lebensraum lassen kann: links *Chamaedorea elegans,* die Zierliche Bergpalme, Mitte eine Yucca am Stamm, rechts vorn ein Kroton *(Codiaeum).*

rate ich aus gesundheitlichen wie aus ästhetischen Gründen ab. Unveränderter Standort, kein Herumschneiden an vorhandenen Luftwurzeln, Gleichmäßigkeit in allen Dingen nebst einem hellen, doch kaum besonnten Standort sind Voraussetzungen für Dauerfreundschaft, die man durch Rückschnitt auch größengemäß fördern kann. Beherrschende Pflanzengestalt des Bildes: die prächtig gewachsene **Yucca elephantipes** oder **Riesen-**

Palmlilie – wird ebenso wie die Drazäne (siehe Bilder Seite 69 und 89) heute überwiegend als »Stammschnittling mit Austrieb« gezogen. Dadurch entstehen all jene dekorativen, oft über mannshohen Gewächse, die vor allem in Hydrokultur mit zu den beliebtesten Grünpflanzen für einfache Zimmerkultur am hellsonnigen Standort geworden sind.
Ebenso hervorragende Hydropflanzen sind Palmen aller Art, von **Cha-**

55

Unsere Pflanzenauswahl

maedorea elegans, der zierlichen Bergpalme, bis zur echten Kokospalme aus der Nuß, die in Hydro jahrelang erhalten bleibt.

Ein **Kroton** braucht niedrigen Wasserstand, aber viel Luftfeuchtigkeit, damit seine herrlich bunten Blätter nicht abfallen. Unser Bild auf Seite 33 zeigt sogar ein Exemplar mit dem Blütenstand des Wolfsmilchgewächses.

Und hier kommen nun zwei »echte« *Philodendron*-Züchtungen aus neuerer Zeit. Oder werden sie doch nur gewohnheitsmäßig so genannt, während der Botaniker sie wegen geringfügiger Unterschiede im Blü-

tenbau dennoch der Gattung **Monstera** zurechnet? In den beiden Bildunterschriften unten haben wir uns der wissenschaftlichen Systematik angeschlossen.

Hier im Text sei dem Gärtnerbrauch und seinen Handelsnamen der Vorzug gegeben. Im übrigen lassen beide Bilder in ihrer Gegenüberstellung die ganze Vielzahl der Arten und Züchtungen erkennen, wobei – wie gesagt – alles, was auch im Handel unter *Monstera* läuft, noch hinzugezählt werden müßte.

Immer wieder ist man hingerissen von der Spannungsbreite dieser Pflanzengruppe, deren Bildwiedergaben hier auf beiden Seiten fast so etwas wie Polaritäten von Form und Farbe zeigen. Sie lassen nur ahnen, welche Fülle an Formungsbereitschaft und Farbigkeit der gute alte Philo in Züchterhand immer neu entfaltet. Zu den »Grünpflanzen« dürfte man ihn eigentlich so wenig rechnen wie manche andere »Buntbelaubte«.

Grün ist auch bei ihm längst nicht mehr nur Grün. Das zeigt schon das Bild zur Rechten. Aber da kommt neben dem übrigens auch rot blü-

Links: *Monstera friedrichsthalii* besticht durch ihre zierlichen Fensterblätter, bildet aber bald endlose, verkahlende Triebe, gegen die nur Rückschnitt hilft.

Rechts: Prächtige weißbunte Neuzüchtung von *Monstera deliciosa* ‘Variegata’, fälschlich auch als *Philodendron pertusum* ‘Variegatum’ geführt. Buschiger, später hoher Wuchs, etwas wärmebedürftiger als Grünblättrige! ▸

Unsere Pflanzenauswahl

henden **Philodendron erubescens** mit ganzrandigen, dunkelgrünen, am Rand rosa durchscheinenden Blättern und dunkelrotem Austrieb die herrliche neuere Züchtung **'Red Emerald'**, bei der eigentlich nur noch die Blattspreiten oberseits dunkelgrün geblieben sind.

Neben ihm steht in lichtem Grün **'Emerald Queen'**, die »Smaragdene Königin«. Beide wachsen langsam, vertragen auch Rückschnitt.

Philodendron panduriforme, der »Geigenblättrige«, wird besonders für Großanlagen wieder mehr gefragt. Der Brasilianer **Philodendron sodiroi** hat wohl nicht zuletzt auch wegen seiner wahrlich »schmückenden« Blätter nach neuester Nomenklatur den Namen **Philodendron ornatum** bekommen. Sein Farbenspiel zwischen Jugend- und Altersformen ist erlebenswert.

Die Sorte 'Tuxtla' scheint als Art **Philodendron tuxtlanum** botanisch anerkannt zu sein.

Eine Neuentdeckung findet sich auf S. 61 als **Philodendron rugosum** mit ungewöhnlich strukturierten, fast sukkulenten Blättern (Bild). Aber botanische Namen sind oft Glückssache. Und nicht jeder hat den »Zander« (Ulmer Verlag) zur Hand. Und Neuzüchtungen sind

Unsere Pflanzenauswahl

dort ohnedies nicht angegeben. Was die Pflege des *Philodendron* (nebst *Monstera*) angeht, so zählt er am gleichmäßig hellen, nicht unmittelbar besonnten und ganzjährig unveränderten Standort zu den geduldigsten und dadurch erfreulichsten Hydropflanzen. Änderungen der Blattform bei älteren Exemplaren gehören zu seinen biologischen Besonderheiten.

Philodendron scandens, der bekannte »Kletterphilo«, macht als Begleitpflanze wegen räuberischen Benehmens nicht selten Ärger zu Lasten wertvoller Hauptpflanzen. Jeder Blumenfreund hat sein Vergnügen, wenn die von ihm gepflegten Pflanzen als Zeichen ihres Wohlbefindens auch blühen oder gar fruchten. *Ficus benjamina*, dessen elegante Erscheinung ihm vor allem auch für Großgefäße ungeminderte Beliebtheit sichert, hat für den Hausgebrauch spürbar Konkurrenz bekommen: es ist *Ficus deltoidea*, die **Mistelfeige** mit ihren niedlichen Kugelfrüchtchen, an denen man auch die Eigenart der sogenannten Urnenblüten studieren kann.

Größere Arten der Gattung *Ficus*, vom etwas aus der Mode gekommenen »Urgummibaum« *Ficus elastica* bis zur stolzen **Geigenfeige, *Ficus lyrata***, sind seit Jahrzehnten bewährte Weggenossen der Hydrokultur. Nebst der Geigenfeige, die meist gerade nach oben wächst, nehmen sie auch kräftigen Rückschnitt hin. Neuzüchtungen haben zwei- und dreifarbig-weißbuntes Laub. Besonders interessant wirkt der als vielverzweigter Strauch wachsende, braunrote australische *Ficus rubiginosa*. Kummer kann nur der **Kletterficus, *Ficus pumila***, bringen, wenn er am falschen Platz als Bodendecker übermächtig wird.

Links: Aus Holland kam wieder mal eine »alte Neuheit«: *Ficus schrijveriana* mit hell gesprenkelten Blättern und rosa Austrieb.

Rechte Seite: Monumentale Anlage, deren marmorverkleidete Segmente vorab mit *Ficus benjamina* als Umkleidung einer raumtragenden Säule bepflanzt sind. Beipflanzen: *Pandanus,* Schraubenbaum, und der »Nährstoff-Räuber« *Ficus pumila,* Kletterfeige (TWL).

Unsere Pflanzenauswahl

Hoya carnosa, die **Wachsblume**, gehört schon seit Urgroßmutters Zeiten zu den Treuesten der Getreuen am Blumenfenster. Ebenso wie ihre kleinere Schwester *Hoya bella* mit den zierlich hängenden Blütenständen und wie die stärker wachsende *Stephanotis floribunda* oder **Kranzschlinge** hat sie den Wechsel von der Erdkultur zur Hydrokultur mit großem Erfolg und

Hoya carnosa 'Variegata', die Weißbunte Wachsblume, wurde aus einem unerwünschten Bodendecker zum selbständigen Zimmerschmuck von Rang.

reichstem Blühen hinter sich gebracht.

Immergrüne Klettersträucher mit reichem Sommerflor: so stehen alle drei auf der Schwelle von den Grünpflanzen zu dem angeblich so kargen Bestand an »Blühendem«, den man uns Hydrofreunden – wohl nicht ohne Absicht – immer wieder vorhält.

Richtig ist, daß die *Hoya* und ihre hier genannten blühenden Verwandten eine winterliche Ruhezeit bei 10–15 °C und wesentlich reduzierter Nährlösung brauchen. Darüber mehr im Kapitel von der laufenden Pflege. Viel »pflegeleichter« ist dagegen die hier abgebildete weißbunte *Hoya carnosa* '**Variegata**'. Sie bringt zwar keine Blüten, wächst aber ganzjährig unverdrossen vor sich hin, wenn man sie rechtzeitig aus unerwünschter Zusammenpflanzung befreit und als »Solitär« behandelt.

Bitte vergleichen Sie zum Thema »Wachsblume« noch das Bild auf Seite 71: es zeigt eine in über 10 Jahren zur Wandberankung gewordene, strahlend gesunde *Hoya carnosa*, die beim Fotografieren im April erst einen Blütenstand besaß. Leider konnten wir auf die anderen nicht warten. Auf der Seite nebenan werden noch einige nicht ganz alltägliche Pflanzen in Einzelhaltung vorgestellt: jede für sich widerlegt unsachliche Behauptungen, daß dies oder jenes – zum Beispiel Farne! – in Hydrokultur »nicht ginge«.

Dizygotheca elegantissima, die Fingeraralie, hier als Solitärpflanze (vgl. Seite 12).

Philodendron rugosum, Neuentdeckung aus Peru, der »Philo-Star« von heute.

Nephrolepis exaltata 'Teddy junior', Schwertfarn-Zuchtform, bildet einen Riesenbusch.

Cycas revoluta, der »Zurückgerollte Palmfarn«: noch ein neuer Wedel!

Unsere Pflanzenauswahl

Die **Dieffenbachia** – sie hat nur diesen botanischen Namen und trägt ihn zu Ehren eines Obergärtners am Wiener Botanischen Garten um 1850 – ist bei der Beschreibung des Einleitungsbildes zu diesem Kapitel ein wenig zu kurz gekommen. Denn solange ich, nun immerhin über 30 Jahre, in »Hydro-Dimensionen« denke, gehört auch sie mit dazu.

Waren es früher mehr die großen, schwer oder gar nicht blühenden Arten, so haben wir heute, von der beliebten **D. exotica** angefangen, eine Menge in ihren Blattzeichnungen verschiedene Zuchtformen. Teils kommen sie – wie **'Tropic White'** oder **'Rudolph Roehrs'** – von Übersee oder sind – wie **'Sophia'**, neueren deutschen Datums.

Dieffenbachia 'Exotica' und andere Formen sind als Einzel- wie als Gruppenpflanzen für die Hydrokultur unentbehrlich. Zur Wahrung der Blätterschönheit keine Blütenbildung dulden!

Wenn die Verfasser immer betonen, sie wollen zeigen, was trotz an sich ungeeigneter Wohnverhältnisse dennoch in Hydro alles möglich ist, so dürfte dieses Bild mit seinem Kunterbunt nebst Heizkörper unter dem Südfenster wohl der beste Beweis dafür sein. Mitte rechts: der »*Chlorophytum*-Turm« aus zwei aufeinandergestellten Borke-Papierkörben ... Einige Pflanzen – wie links *Euphorbia pseudocactus* und die Christusdorne – kehren auch einzeln wieder.

Allen gemeinsam ist die hier unangenehme Eigenschaft oft sehr frühzeitiger Entwicklung von Blütenständen, die den sofortigen Stillstand der Blattentwicklung zur Folge hat. Deshalb wurde schon auf Seite 52, wie hier in der Bilduntersschrift geraten, jeden dicklich-grün hervorsprießenden Blütenstand sogleich auszubrechen. Daß untere Blätter gelegentlich gilben und ab-

gestoßen werden, ist artbedingt und üblich. Es heißt sogar: alle anderthalb Jahre wechselt die Dieffenbachie ihr Blätterkleid ...
Nicht ins Bild kam eine meiner über 10jährigen Dieffenbachien, noch im klassischen Gefäß »Wiesbaden«. »Gakelig« gewordene Triebe kann man durch Rückschnitt auf etwa 10 cm verjüngen; Stumpf treibt neu aus; Triebspitze gibt Kopfsteckling.

Unsere Pflanzenauswahl

Die echten Blütenpflanzen

So haben wir uns langsam an die »echten« Blütenpflanzen herangetastet. Ihren Leugnern und vielleicht sogar Gegnern ist natürlich zuzugeben, daß sie der oft wiederholten Grundforderung aller Hydrokultur widersprechen: sie können beim besten Willen nicht »ganzjährig

schön sein« wie ein immergrünes Gewächs: ob *Cissus,* Efeu, Palme und was immer außer den hier gezeigten Beispielen sonst noch zu nennen wäre.

Die Blütezeit als Höhepunkt des pflanzlichen Lebens liegt ebenso im Wachstumsrhythmus begründet wie der Tatbestand, daß mit ganz wenigen Ausnahmen der Flor bei weitem kürzer ist als das Warten auf ihn von einem Jahr zum andern.

Nur ganz wenige Pflanzen gibt es, bei denen das nicht so ist. Orchideen in Hydrokultur können ihre Blüten über viele Wochen hinweg in ansehnlichem Zustand halten. Das Usambaraveilchen hier nebenan hat zwar Höhepunkte unvorstellbaren Blütenreichtums, setzt jedoch nur jeweils um die Jahreswende kurzfristig aus. Am erstaunlichsten aber erscheint mir der bei den Sukkulenten näher erläuterte **Christusdorn 'Gabriela'**: Er ist seit 5 Jahren in meinem Besitz und noch keinen Tag ohne seine prächtigen roten Blüten gewesen.

Im übrigen gilt für die Blütenpflanzen in Hydrokultur die gleiche Einsicht: Je länger sie uns begleiten, desto lieber sind sie uns!

Hibiscus rosa-sinensis, der Roseneibisch (auch »Chinarose« genannt) bestätigt wohl mit am eifrigsten, wie reich und schön Hydropflanzen blühen können. Auch diese Kleine hier schiebt – wenn man genau hinsieht – schon wieder eine neue Blüte nach. Und jeden Sommer so weiter bis zum Bäumchen im kübelartigen Großgefäß ...

Und dies ist meine
Sensation: das Usam-
baraveilchen oben,
noch immer im alten
Bornheim-Gefäß.
Es wurde dereinst von
mir aus einem Blatt-
steckling herangezo-
gen. Den viele Jahre
später unternommenen
Versuch des Umset-
zens in ein modernes
Gefäß hat die Uralte
nicht überlebt.
Das Usambaraveilchen
unten war eine Gabe-
lung der alten Pflanze.
Es brach wohl infolge
der Schwere überrei-
chen Blühens eines
Frühjahrs ohne jedes
fremde Zutun aus dem
großen Busch heraus,
wuchs unerwartet wie-
der an und sah bald der
alten Pflanze so ähnlich,
daß ich beide nur noch
die »vegetativen Zwil-
linge« nannte. Sie ha-
ben noch viele Jahre in
unerschütterlichem
Wachstum weiterge-
blüht...

Unsere Pflanzenauswahl

Damit wären wir wieder bei den Aronstabgewächsen. Ihr Anteil am Hydro-Sortiment erschöpft sich – wie man jetzt sieht – keineswegs mit »Nicht«- oder »Kaumblühern« wie *Dieffenbachia, Monstera, Philodendron* und einigen anderen sogenannten Grünpflanzen.

Vielmehr gibt es vor allem zwei Blütenpflanzen, an denen wohl kein Hydrofreund auf die Dauer vorbeikommt. Das auf Seite 54 gezeigte *Spathiphyllum* wallisii gilt zur Gruppenbildung in Hydrokultur als bestgeeignet. Es wächst langsam, wird kaum über 40 cm hoch und strömt –

Zu den Blütenpflanzen sollte man auch das Orangenbäumchen (× *Citrofortunella microcarpa*) zählen. Zugleich mit dem Ausreifen der Früchte erscheint die neue Blüte.

wie ich immer wieder feststelle – aus seinen endlos haltbaren Blütenständen sogar leisen Veilchenduft aus. Es bietet an schöner Dauerhaftigkeit der schneeweißen »Blattfahnen« immer noch mehr als neue Hybriden mit größeren Hochblättern, die womöglich vergrünen.

S. wallisii entwickelt aus seinen ersten Blütenständen ab April/Mai auch leicht keimende Samen. Als »Beipflanzen« mißbrauchte Spatiphyllen sollten alsbald umgesetzt werden.

Und nun kommt sie an die Reihe: die **Flamingoblume**, unser an Herrlichkeit der Blätter und Blüten und Bereitschaft zu echter Dauerfreundschaft kaum überbietbares *Anthurium*. Die »Blüten« sind natürlich – wie bei allen Aronstabgewächsen – botanisch gesehen »Blütenstände«. Sie bestehen aus der farbenprächtigen Spatha oder Blütenscheide, die eigentlich – anders als beim Hochblätterkranz des Weihnachtssternes – ein mächtig entwickeltes Hochblatt ist, und dem Blütenkolben, der sich später auch zum Samenträger ausformt. Bei manchen Anthurien pflegt er sich auch zu ringeln, – daher der Spottname »Schweineschwänzchen«!

Wir kennen heute fast nur noch Zuchtformen: Die mit den schönsten Blüten sind Hybriden des *Anthurium andraeanum* und des kleineren *Anthurium scherzerianum,* dessen Laub dazu sichtlich schmäler ist als die hochstieligen,

Anthurium-Andraeanum-Hybride, die allzeit blühwillige, zu jahrelanger Hydro-Hausfreundschaft bereite Flamingo-Blume, – spaßeshalber auch »Schweineschwänzchen« genannt ...

glänzenden *A. andraeanum*-Blätter. Beide Hybrid-Gruppen mögen etwas Luftfeuchtigkeit während der Hauptwachstumszeit ab März, gleichmäßig warmen und hellen Standort ohne direkte Besonnung; Nährlösungstemperatur auch im Winter um 18 °C, kein Platzwechsel. Bei aller Liebe zu den farbenprächtigen Exoten muß man zugeben, daß **Bromelien** hinsichtlich ihrer Lebensdauer keine echten Hydropflanzen sind. Nur indirekt – über ihre schon während des langsamen

Wenn von Hydro-Blütenpflanzen die Rede ist, dürfen Bromelien nicht fehlen.

Oben: eine *Vriesea splendens*, Flammendes Schwert, deren »Kindel« noch neben der Mutterpflanze sitzt und eine Blüte brachte. Unten: die wegen ihrer Haltbarkeit geschätzte *Aechmea fasciata*, Lanzenrosette.

»Zisternenpflanzen« nennt man sie, weil am Grunde der Blattrosetten bis zum Ende der Blüten- und Wachstumszeit stets ein wenig Wasser und in größeren Zeitabständen auch ganz schwache Nährlösung stehen soll (bei Gebrauch von LEWATIT HD 5 Wasser ohne Aufbereitung; bei Verwendung von Flüssig-Konzentrat Wasser nicht über 5° dH). Die Aufnahme erfolgt durch Saugschuppen am Grunde der Blätter.

Unsere Pflanzenauswahl

Absterbens der Blüte aus dem Wurzelbereich erscheinenden »Kindel« – leben sie weiter.

Dabei kann ich aus eigener Erfahrung bestätigen, daß ein an der Mutterpflanze belassenes Kindel der **Vriesea** bereits im zweiten Jahr ein – wie häufig in Hydro – besonders schön ausgefärbtes »Flammendes Schwert« trieb.

Übrigens gibt es als Ausnahme von der Regel des Absterbens **Billbergia nutans**, den **Zimmerhafer**: eine Erdbromelie von allerbester Hydro-Eignung.

Begonien werden bekanntlich in drei große Gruppen eingeteilt: die erste umfaßt jene nur kurzlebigen **Blütenbegonien**, die als einjährige krautige Pflanzen für Hydrokultur eigentlich nicht in Frage kommen. Daß es mir gelang, eine offenbar besonders sorgfältig in Hydro vorkultivierte **Elatior-Begonie** zweieinhalb Jahre wachsend und blühend am Leben zu erhalten, war eine Ausnahme von der Regel und hing wohl mit der exakten Wasserversorgung durch den HYDRO-TANK zusammen. Das letzte Konterfei unserer »Old Lady«: siehe S. 88.

Und noch ein Blick in den Arbeitsraum der Autorin: da steht jene nicht mehr weißbunte *Dracaena fragrans* 'Lindenii', die einst aus Guatemala als »Stamm« nach Luxemburg gelangte und dort in ihre Hände kam. Sie lebt – nach Überstehen einer wohl mitgebrachten Gewebe-Erkrankung leider vergrünt – seither so gesund in Hydrokultur, daß die Höhe ab Gefäßrand jetzt fast drei Meter beträgt.

69

Unsere Pflanzenauswahl

Die Strauchbegonien-Hybride 'Kleopatra', langsam wachsend, reich blühend, auffallend durch das rückseitig tief dunkelrote, »wassernabelblättrige« Laub. Gute Hydropflanze.

In der zweiten Gruppe finden wir die als ausgesprochen widerstandsfähig und blühwillig bekannten **Strauchbegonien**: manche fangen schon im Stecklingsalter zu blühen an, können bei vernünftigem Rückschnitt vor Austriebsbeginn ohne unteres Verkahlen speziell in Hydro viele Jahre leben, wenn ihr Wasserhaushalt die Wurzeln gesund erhält. Als dritte Gruppe – ebenfalls mit guter Hydro-Eignung – sind noch die in ihrem Formen- und Farbenreichtum immer wieder begeisternden **Blattbegonien** zu nennen. An ihrer Spitze steht das Sortiment der **Begonia-Rex-Hybriden**. Viele von ihnen sind im Laufe der Jahre bei mir heimisch gewesen. Mit am liebsten erinnere ich mich an eine sogenannte **Halskragen-Begonie, B. manicata**, die Mitte der sechziger Jahre als Steckling aus der Schweiz ins Haus kam und dann wegen Übergröße weggegeben werden mußte. Aber diese leider manchmal nicht mehr vermeidbare Trennung gehört nun mal zu den Unausweichlichkeiten des »Wohnens mit Blumen«.

Überwinterung gelingt bei mäßig warmem Standort um 15 °C Raumtemperatur und auf etwa 10 mm reduzierter Höhe der Nährlösung.

Die Herabsetzung der Nährlösungsmenge bei Verwendung von Ionenaustauscher (LEWATIT HD 5) ist problemlos. Wer nach der konservativen Methode mit Flüssigkonzentrat arbeitet, muß hier auf halbe Konzentration zurückgehen.

Hier bedeutet die Verringerung der Menge eine Steigerung des Salzgehaltes, der Wurzelschäden bis zu tödlichem Ausgang bewirken kann. Dies gilt selbstverständlich nicht nur für Begonien, sondern für alle mit mineralsalzhaltigen Nährlösungen in reduzierter Menge überwinternden Zimmerpflanzen. Da es bekanntlich auch Freilandbegonien gibt, sei hier noch angemerkt:

> Blattbegonien und Strauchbegonien sind durchweg tropischer Herkunft; sie brauchen ganzjährige Zimmerkultur.

Von der alten **Wachsblume** hier nebenan war schon auf Seite 60 die Rede. Dort ging es um die weißbunt belaubte, blütenlose Zuchtform *Hoya carnosa* 'Variegata', während dieses Prachtstück hier als Musterbeispiel der Ursprungsart *Hoya carnosa* von Mitte Mai bis in warme Spätherbstwochen hinein duftende Blütenfülle verschenkt. Noch reicht der klimatisch günstige Platz für ganzjähriges Verbleiben ohne Drehen und Wenden. Sie könnte uralt werden ...

Mit dieser Riesen-Wachsblume *(Hoya carnosa)* im Hause Weimer bin ich seit vielen Jahren befreundet. Aber jedesmal, wenn ihr Konterfei gebraucht wird, steht die Blütezeit gerade vor der Tür: Sie zeigt nur Laub ...

Pflanzenauswahl

Die geliebten Kakteen

Daß die Kakteen auch dazu gehören, weiß heute wohl fast jedes Kind. Aber nicht jeder Freund der Hydrokultur hat auf diesem Gebiet schon Erfahrungen gesammelt. Immer wieder gibt es nämlich im Umgang mit Interessenten der erdelosen Pflanzenpflege höchst erstauntes Kopfschütteln, wenn von denen, die sich ständig voll Freude damit beschäftigen, ausdrücklich betont wird: Nichts geht besser in Hydro als Kakteen und die vielen anderen Sukkulenten!
Einschränkend muß freilich dazu gesagt werden, daß ihr Wohlergehen in besonderem Maße von sorgfältigster Wasserstandsregulierung

Echinocereus grusonii, der berühmte »Schwiegermutterstuhl« aus dem Hause WEIMER in Rastatt: Aufnahme April 1981, Höhe ab Gefäßrand 42 cm, oberer Umfang (mit Stacheln) 104 cm, steht hier noch im gleichen Gefäß wie auf dem Bild nebenan von 1965. Inzwischen wurde er erfolgreich in ein »kleines Großgefäß« mit 2-Liter-Einbau-HYDRO-TANK umgesetzt.

Diese Farbaufnahme des damaligen Kakteenfensters im Hause WEIMER entstand 1965. Ganz links steht in seinem damals brandneuen Keramik-Gefäß der SOMBRERO-Serie jener *Echinocereus grusonii,* dessen Alter mit »etwa 10 Jahre« angegeben wurde. Außerdem erkennt man etliche Opuntien von stattlicher Größe, sukkulente Euphorbien, einen blühenden Christusdorn und einige kleinere Kakteen. Mit anderen Worten: schon die Pioniere der Hydrokultur wußten, wie hervorragend sich Kakteen und andere Sukkulenten für die erdelose Pflanzenpflege eignen. Wenn man sie richtig behandelt …

Unsere Pflanzenauswahl

Sechs Sprossen hat inzwischen der umgepfropfte *Cleistocactus wendlandiorum*. Vorn eine kleine Opuntie im HYDRO-TANK »mini«.

Nicht alltäglich: *Euphorbia grandicornis*, die genau wie ein Kaktus aussieht, brachte in Hydro winzige Wolfsmilch-Blütchen.

abhängt. Zu hoher Wasserstand, der womöglich die nässeempfindlichen Wurzelhälse erreicht, bringt alle Sukkulenten zum Erliegen. Der auf Seite 72 und 73 gezeigte, jetzt rund 25 Jahre alte **»Schwiegermutterstuhl«** ist jedenfalls keinem »Gießfehler« zum Opfer gefallen. Nur seine Figur hat gelitten und wurde nicht zur echten »Goldkugel«, weil keiner ihn rechtzeitig umzupflanzen wagte. Aber mein sechssprossiger *Cleistocactus wendlandiorum* hier gleich links könnte auch mehr bieten: er wurde ungepfropft von der Basis an aufgezogen und kommt dadurch ebenso erst nach vielen Jahren zur Blüte. Doch solche Feinheiten erfährt man immer erst hinterher, nach langem Verwundern. Immerhin hat der Kaktus drei neue Austriebe.

Den »Drei Musketieren« in ihrem roten Kasten – alte Kameraden des Schwiegermutterstuhles – ist vielleicht auch nicht immer alles ganz recht gemacht worden. Dennoch: sie erfreuen ihre Besitzer als Beispiele der standfesten Eignung von Kakteen in Hydrokultur, wobei hier übrigens nach wie vor dank glücklicher Überwindung des »Tabletten- und Pulver-Zeitalters« nur nach der konservativen Methode mit Flüssigkonzentrat gearbeitet wird.

Pflanzenauswahl

Rhipsalidopsis rosea, der Rosenrote Osterkaktus, ist ebenso wie der Weihnachtskaktus
ein zuverlässiger Blüher für Jahre.

Nopalxochia phyllanthoides 'Deutsche Kaise-
rin', berühmte alte Zuchtform mexikanischer
Blattkakteen, steht ihm nicht nach.

Auch die von den »richtigen Kakteen« so weltweit unterschiedenen
Glieder- und Blattkakteen sind hervorragende Hydropflanzen. Ob
Weihnachtskaktus, Osterkaktus
oder die großen, früher *»Phyllocac-
tus«* genannten Kreuzungen mit
dem Gattungsnamen ***Epiphyllum***:
sie alle beweisen bei sachgemäßer
Behandlung einmal mehr, daß Blü-
tenreichtum und Blütenfarbe in Hydrokultur mehr bieten als in noch so
guter Erdkultur.
Nicht umsonst heißen ja die großen,
meist spätsommerblühenden Epi-
phyllen in Amerika schon lange »Or-
chid cacti« – zu deutsch Orchideen-
kakteen. Weil ihre Blüten halt gar so
wunderbar sind ...

Pflanzenauswahl

Die »anderen Sukkulenten«

Als sogenannter »Seedling« (Sämling) sieht meine hier etwa dreijährige Jungpflanze der *Beaucarnea recurvata* wie ein beliebiges Zwiebelgewächs aus. Niemand würde in ihm den künftigen »Elephant-foot-tree« (deutsch »Elefantenfußbaum«) vermuten.

Ihre mit zunehmendem Alter immer grotesker werdenden Formen haben die *Beaucarnea recurvata* (Handelsname häufig auch noch *Nolina recurvata*) in großen bis sehr großen Exemplaren zur entsprechend teuren Luxus-Modepflanze werden lassen. Dabei kommt zur pittoresken Form die ursprungsbedingte, kaum glaubliche Anspruchslosigkeit: was als vergnüglicher »Ponyschopf« aus einer Knolle heranwuchs, kann später in seinem unförmig gewordenen Stamm bei sonnigstem Stand auf Monate Wasser speichern. Außerdem wächst die *Beaucarnea* mit den Jahren immer langsamer. Übrigens zählte sie früher zu den Liliengewächsen, wurde inzwischen botanisch der Familie Agavaceae zugeordnet. Beipflanze: eine Weißbunte Wachsblume (vgl. Bild Seite 60).

Pflanzenauswahl

Schon mit dem imposanten Bild auf den beiden vorigen Seiten begannen die »anderen Sukkulenten«. Sie stammen aus den verschiedensten botanischen Bereichen und eröffnen die seltsamsten Zusammenhänge. Bekannte Zimmerpflanzen, von denen man es gemeinhin kaum glauben sollte, haben auch sozusagen sukkulente Abteilungen, in die man nur hineinzugreifen braucht,

um absonderlichste Geschöpfe für prachtvolles Gedeihen in Hydrokultur verfügbar zu haben.

Wenn so auf Seite 76 die **Beaucarnea revoluta** als Musterbeispiel an Seltsamkeit der Pflanzengestalt und Einfachheit der Versorgung steht, so geschieht das mit nicht ganz ungetrübten Empfindungen. Freilich: mein Sämling auf Seite 76 ist eine in allen Ehren herangezogene Jungpflanze des seltsamen mexikanischen Agavengewächses. Aber die großen teuren Exemplare haben bereits auf der Bundesgartenschau Kassel 1981 berechtigten Anstoß erregt, weil sie ganz zweifellos schon »jahrzehntelang als ehrwürdige Stämme in Mexiko gestanden haben müssen«, ehe sie fraglos etwas außerhalb der Legalität als bundesdeutsche Hy-

Oben: *Euphorbia tirucalli* mit stäbchendünnem Buschwerk.

Links: *Euphorbia pseudocactus*, die »kakteenähnliche Wolfsmilch« mit weißem Mittelstreif.

dropflanzen am Markt und als Ausstellungsstücke zum Vorschein kamen. Es sind »Pflanzenveteranen«, die ohne Rücksicht auf Artenschutz entführt wurden. Wie froh bin ich, bei bescheidenen Ansprüchen nur meines »Ponyschopfes« Wachstum beobachten zu dürfen, ohne dabei Gewissensbisse wegen »dunkler Vergangenheit« zu haben...

Was hat es nun mit den »anderen Sukkulenten« auf sich? Sie sind keineswegs mit der großen Familie der Kakteen verwandt, sondern haben mit ihnen nur die sogenannte Sukkulenz, das wasserspeichernde Gewebe, gemeinsam und sehen einander so ähnlich, daß man beispielsweise die mehreren hundert Arten sukkulenter Euphorbien oder Wolfsmilchgewächse ihrer Herkunft wegen geradezu als »Kakteen der Alten Welt« bezeichnet, während die echten Kakteen bekanntlich – mit Ausnahme der Blattkakteen – aus Trockengebieten der Neuen Welt stammen.

Sehr unterschiedlich sind zwar die Blüten. Aber was tut beispielsweise der Hydrofreund, wenn er seine **Euphorbia pseudocactus** noch nicht bei Namen kennt und wissen möchte, wohin sie gehört? Wie alle Wolfsmilch-Arten, »Palma Christi« (Ricinus) und Weihnachtsstern füh-

Oben: Euphorbia-Lomii-Hybride 'Gabriela', eine »Naturhybride« des Christusdorns aus Madagaskar.

Unten: Crassula arborea, die unverwüstliche »Deutsche Eiche«, ein Dickblattgewächs.

Unsere Pflanzenauswahl

ren auch die tropischen sukkulenten Arten ihren mehr oder weniger giftigen Milchsaft. Nicht einmal das Vieh rührt sie an, so daß dieser Selbstschutz, den sie übrigens auch mit den teilweise hochgiftigen sukkulenten Apocynaceen oder Hundsgiftgewächsen teilen, in hohem Maße die Ausbreitung der Arten im Freigelände fördert.

Milchsaft feststellen zu Hause: die Pflanze mit einer Nadel anritzen – kann vor Gift schützen!

Auch der reizende **Christusdorn** ist bis hinunter zu seinen ebenfalls so gut wie immerblühenden, nur 12–15 cm hohen Sorten eine echte Euphorbie. Wer es weiß und sich danach richtet, wird seine wie aller anderen Sukkulenten hervorra-

Die bekannte Madagaskarpalme, *Pachypodium lamerei,* hat im Laufe der Jahre ihre bizarre Cristata-Bildung immer mächtiger entwickelt, so daß der eigene Stamm fast überschlank erscheint.

S. 80

Kalanchoë beharensis gehört zur harmlosen Familie der Dickblattgewächse und besticht durch die wunderbare Schönheit ihrer samtigen Blätter. Sie ist nahe verwandt mit den Brutblättern und dem blütenreichen »Flammenden Kätchen«.

Adenium obesum, die »Wüstenrose«, ist ein *Pachypodium,* das durch Pfropfung auf Oleander seinen Dickfuß verlor, um in Zimmerkultur desto reicher zu blühen. Auf dem Bild ein Exemplar mit 40 Blüten im HYDRO-TANK-Tischgefäß aus mehrjährigem Privatbesitz.

gende Eignung für die Hydrokultur deshalb nicht weniger schätzen. Alle seine Blüten wollen viel Licht. Die auf diesen beiden Seiten abgebildeten *Pachypodien* oder **Dickfüße** zählen zur Familie der Hundsgiftgewächse, – nahe Verwandte des Oleanders und – wer denkt schon daran – des Immergrüns *(Vinca major).* Im Jugendstadium des Zimmerpflanzenformates können auch sie bis hinauf zu ihrer Laubkrone wie ein stark bedornter Säulenkaktus aussehen. Das beweist hier vor allem *Pachypodium lamerei,* die **Madagaskarpalme,** deren herrlich duftende Blüten freilich erst im höheren Alter erscheinen. Viele andere bekannte Garten- und Zimmerpflanzen mit interessanter sukkulenter Verwandtschaft wären noch zu nennen. Oder wußten Sie, daß es in Südwest-Afrika über ein Dutzend sukkulente, auch hübsch blühende Geranien gibt? Daß wir in Hydro neben *Cissus antarctica* und seiner zierlicheren Zuchtform 'Ellen **Danica'** auch einen wie der Peitschenkaktus herabhängenden *Cissus quadrangula* (syn. *C. cactiformis*) haben könnten? Daß mein auf Seite 46 gezeigter **»Afrikanischer Efeu«** gelbe Blütchen wie winzige Sonnenblumen trägt und trotz seinen leicht, aber deutlich sukkulenten Blättern zur Familie der Korbblütler, Gattung *Senecio* gehört? So unerschöpflich ist die Natur.

81

Unsere Pflanzenauswahl

Blumenzwiebeln überzeugen

Blumenzwiebeln in Hydrokultur sind für mich seit jeher etwas so Überzeugendes, daß ich meine, man braucht gar nicht viele Worte darüber zu machen. Um so unverständlicher war es mir, als ich las, die »Eignung« der **Amaryllis** sei »umständlich«. Das ist nicht nur schlechtes Deutsch, sondern einfach nicht wahr, wenn man den hier wie bei fast allen Blütenpflanzen unabdingbaren Wachstumsrhythmus

und die Empfindlichkeit aller Zwiebeln gegen einen zu hohen Wasserstand berücksichtigt. Auch das Verlangen nach gleichmäßig hoher Wärme – um 25 °C – beim Antreiben ist nichts Ungewöhnliches. Ich setze erste Zwiebeln um Weihnachten an und erreiche dann mit gestaffelten Terminen jeweils wahre Blühwunder bis Mai. Es folgt wenig Mühe für die Pflege der Laubblätter bis August und dann Beiseitestellen für die Ruhezeit mit einer Spur Bodenfeuchtigkeit bei etwa 10 °C! Wenn Blumenzwiebeln in Zimmerkul-

tur – ob Erde ob Hydro – nicht gedeihen oder die Wiederblüte versagen, so liegt das meist an mangelnder Laubpflege und zu kalten Standorten – bei Hydro noch dazu mit Wasser im Gefäß – während der Ruhezeit. Ich habe meine älteste Amaryllis jetzt 15 Jahre. Umfang der Zwiebel vor Austrieb diesmal 44 cm! Genauso zwanglos hält man – wenn auch manchmal mit etwas verschobenem Wachstumsrhythmus – ähnliche tropische Blumenzwiebeln. **Cyrtanthus purpureus**, die »kleine Amaryllis«, wäre da mit reicher Blüte an erster Stelle zu nennen.

Rechts: 'Frühzauber' heißt die kräftiggedrungen wachsende, schon ab Anfang November blühende südafrikanische Amaryllis-Hybride.

◀ Spätblühend ist die *Hippeastrum*-Züchtung 'Happy Memory' des holländischen Amaryllis-Spezialisten Ludwig.

Ein Findelkind im Blumentopf war die schneeweiße Schönheit mit dem zartgelben Schlund und einem sonderbar zweiteilig gedrehten Schaft. Vor Jahren auf Hydro umgestellt, blüht sie regelmäßig im Frühjahr und im Herbst.

Unsere Pflanzenauswahl

Orchideen – nur etwas für Kenner?

Die Frage stellt sich insgesamt für jede ihrer Kulturformen und dürfte trotz mancher spürbaren Breitenentwicklung dem besonderen Rang der Orchideen kaum Abbruch getan haben. Daß man schon seit Jahren bemüht ist, den kostbaren Wunderblüten auch im Bereich der Hydrokultur einen gesicherten Platz zu bereiten, darf als bekannt vorausgesetzt werden.

Als gut geeignet und über Jahre wiederblühend hat sich vor allem das liebenswerte *Paphiopedilum*, der Venus- oder Frauenschuh, in vielen Formen erwiesen.

Mag sein, daß es als Erdorchidee günstigere Voraussetzungen mitbrachte als die epiphytisch wachsenden Arten, bei denen trotz größter Sorgfalt im Rahmen der bisher bekannten Regeln Rückschläge nicht auszuschließen waren. Die an ihre luftigen, stets mehr feuchten als nassen Substrate gewöhnten Epiphyten zeigten immer wieder eine hochgradige Empfindlichkeit schon gegen die bloße Berührung – geschweige denn gegen das Eintauchen aller ihrer Wurzeln in die Nährlösung.

Bei gleichmäßig ganz niedrigem Wasserstand von 5 mm zeigte sich, daß starke weiße Wurzeln der *Phalaenopsis* immer genau am Rande dieses Wasserstandes weiterwuchsen, während die feinen, behaarten Saugwürzelchen im luftdurchfeuchteten Raum und zwischen dem nach oben ebenso luftdurchfeuchteten Blähton verblieben. Es ergab sich daraus nicht nur die nebenan abgebildete großartige Blütenentwicklung, das Wachstum von insgesamt vier großen Laubblättern nebst Luftwurzeln, sondern inzwischen auch das Erscheinen neuer Blütentriebe. Ähnliche Erfahrungen wurden bei Versuchen in einer Orchideengärtnerei und bei mehreren besonders sachkundigen Orchideenfreunden gemacht.

Wenn hier die *Phalaenopsis* oder Nachtfalterorchidee als Beispiel gewählt wurde, so hat das seinen guten Grund. Gilt sie doch – entgegen der ihr früher nachgesagten Empfindlichkeit – durch zielstrebige Züchtung jetzt als beste Zimmergefährtin aus dem Kreis der epiphytischen Orchideen, die man der besseren Wurzeldurchlüftung wegen

Diese drei Bilder zeigen eine Entwicklung, wie sie im HYDRO-TANK 'S' bei gleichbleibend sehr niedrigem Wasserstand ohne Schwierigkeit gelang: Die *Phalaenopsis*-Hybride hatte an 3 Rispen 18 Blütenknospen. Und dies war die Entwicklung der letzten Wochen, die sonst so leicht von Knospenfall bedroht sind:
1. Phase oben links: 4 Blüten, 14 Knospen;
2. Phase oben rechts: 8 Blüten, 10 Knospen;
3. Phase unten: voller Flor von 18 wunderbar erschlossenen Blüten, deren Haltbarkeit viele Wochen andauerte.
Die gleiche Pflanze hat inzwischen zweimal ebenso prächtig wiedergeblüht.

Unsere Pflanzenauswahl

mit ihrem typischen Pflanzstoff aus *Osmunda* (Wurzeln des Königsfarns) und *Sphagnum* (Sumpfmoos) gern in den bekannten Orchideenkörbchen hält. Diese zersetzbaren organischen Pflanzstoffe bedingen ein häufigeres Umsetzen. Größter Vorteil für Orchideen in Hydro ist daher nächst der genau regulierbaren, niedrigen Wasserführung:

Die Verwendung von Blähton als faulungsfestes, strukturstabiles, anorganisches Substrat macht ein Umsetzen auf Jahre überflüssig.

Gerade wenn man die Orchidee nicht mehr nur als exklusive Kostbarkeit betrachtet wissen möchte, sprechen diese Erleichterungen ihrer Pflege allein schon für sich.

Im übrigen müssen von Fall zu Fall die sonstigen Voraussetzungen der Orchideenhaltung stimmen – aber auch sie noch zu erörtern, kann nicht Aufgabe dieser Hinweise sein. Ich selbst habe mich seit einigen Jahren natürlich noch an einer ganzen Reihe als »zimmergünstig« genannter Orchideen in Hydrokultur versucht.

Glanzstück nächst dem zuerst genannten Venusschuh und der *Phalaenopsis* ist mein **Rossioglossum grande**, jene **Große Zahnzunge** oder **Tigerorchidee**, deren hoher Schmuckwert und relativ einfache Haltung ihr schon immer den Ehrentitel »hochgeschätzte Liebhaberpflanze« gaben. Doch Liebhaber, die nach vollbrachter Herbst- bis Spätherbstblüte nicht auf strenge Einhaltung der Ruhezeit achten, kriegen auch sie klein.

Wer ernstlich vom »Orchideenbazillus« infiziert ist, kann ohne Fachliteratur und Zusammenschluß mit Gleichgesinnten kaum auskommen. Und soll im übrigen bei der Sortenwahl nicht gar zu hoch greifen. Ich machte noch gute Erfahrungen mit *Coelogyne cristata, Cymbidium*-**Hybriden,** *Lycaste aromatica.* Aber schon ***Cattleya*-Hybriden** sind für den Anfang weniger geeignet, und auch mein ***Dendrobium densiflorum*** blieb nach zweimaliger Blüte ein schöner Traum ...

Rossioglossum grande (syn. *Odontoglossum grande*), die »Tigerorchidee«, blüht ab Herbst. Gedeiht gut in Hydro.

Unsere Pflanzenauswahl

Weitere gute Hydro-Pflanzen

(A = Anfängerpflanzen)

Abutilon, **Zimmerahorn:** Winter 12–15 °C, Frühjahr Rückschnitt
Agave **und** *Aloë:* wie Kakteen und andere Sukkulenten
Aglaonema, Arten und Sorten: Aracee wie Dieffenbachie, Seite 123
Asparagus densiflorus (der alte Sprengeri), **Zierspargel:** auch *A. falcatus, A. scandens* (alle A)
Aspidistra elatior, **Schusterpalme:** Starkzehrer, sonst bescheiden (A)
Clivia miniata, **Klivie:** Ruhezeit!
Cordyline fruticosa, **Keulenlilie:** wie Drazänen (A)
Cryptanthus, **Versteckblüte:** Bromelie, harmlose Beipflanze, bestimmte Arten leicht blühend
Farne: *Adiantum, Asplenium nidus, Platycerium* u. a. für warme bis mäßig warme Räume.
Siehe *Nephrolepis* 'Teddy Junior', Seite 61
Guzmania: siehe Bromelien
Gynura aurantiaca: violett-samtige Blätter, hängend (A)
Haemanthus albiflos, **Elefantenohr:** immergrün, wie Zwiebelblumen (A)
Hedera helix, **Zimmerefeu:** kühle Überwinterung unerläßlich
Kalanchoë daigremontiana, **Brutblatt** *(Bryophyllum):* Sukkulente
Maranta, **Pfeilwurz:** Begleitpflanze und schöner Solitär
Nerium oleander: Stecklinge leicht, Jungpflanzen gut, später zu groß

Nidularium, **Nestrosette:** siehe Bromelien, Seite 68
Palmen: *Areca,* Betelpalme, *Howeia (Kentia), Washingtonia* alle gut
Pandanus veitchii, **Schraubenbaum:** sehr geeignet, bildet später dekorative »Stelzwurzeln«, Seite 2
Peperomia, **Pfeffergesicht:** gut
Pilea cardierei, **Kanonierblume:** weißbunt, aufrecht; *P. microphylla* guter Bodendecker
Piper ornatum, **Schmuckpfeffer:** Tropenpflanze, warm, luftfeucht
Sansevieria trifasciata: Standardpfl. der Hydrokultur, hier leicht blühend; hübsche Zuchtformen
Schefflera actinophylla: immergrüne Großform, in Winterwärme leicht verlausend.
Heute bessere Kleinformen wie *S. arboricola*
Sprekelia formosissima, **Jakobslilie:** Ruhe November–März, sonst wie Amaryllis
Stapelia, **Aasblume, Ordensstern:** sukkulente Verwandte der Wachsblume, interessante Sommerblüte
Streptocarpus, **Drehfrucht:** Hybriden für Hydro neu entdeckt
Tradescantia, **Wasserranke:** viele Arten, in Hydro etliche leicht blühend (A), öfter Stecklinge
Tradescantina pallida: wie Tradeskantien, öfter Stecklinge machen
Tradescantina zebrina, **Ampelkraut:** buntblättrig, wie Tradeskantien, nur mehr Licht und Wärme (A)
Zantedeschia aethiopica, **Zimmerkalla:** anderer Rhythmus, sonst wie Amaryllis, weißblühend

Die laufende Pflege

Schon die etwas altmodisch wirkende Überschrift dieses umfangreichen Kapitels läßt darauf schließen, daß hier noch einmal alles zusammengefaßt werden soll, was die Hydrokultur als Einrichtung von Dauer kennzeichnet. Gewiß hat es seit jeher auch mit Topfblumen in Erde jahrelange Freundschaften gegeben. Aber ihr Bereich umschließt eben doch von vornherein bewußt auch kurzfristiges Verweilen, das dem häßlichen Namen »Wegwerf-Pflanze« eine gewisse sachliche Berechtigung gibt.

Wer Hydrokultur in des Wortes wahrer Bedeutung begriffen hat, der sollte sich mit allen Voraussetzungen für eine möglichst lange Freundschaft vertraut machen und sämtliche praktischen Vorkehrungen danach treffen.

Nur dann kommen die Vorzüge der Erdelosen Pflanzenpflege zum Tragen und lohnen auch die Kosten von Erstanschaffungen.

Es kommt hinzu, daß solche Anschaffungen fast alle Dauerwert besitzen, – ob es nun ein Lichtmesser, ein Luftbefeuchter, eine spezielle Zusatzbeleuchtung ist. Auch die Hydrogefäße kann man je nach ihrem Werkstoff immer wieder verwenden, und selbst Kulturtöpfe nebst Blähton beweisen ihre langjährige Dienstbereitschaft, die freilich hygienisch unterstützt werden muß. Aber bitte keine synthetischen Reinigungsmittel aus der Küche

Links: Sie war keine Wegwerfpflanze wie so viele Elatior-Begonien in Erde, die üblicherweise als einjährig gelten. Wie schon auf Seite 69 berichtet, ist sie volle zweieinhalb Jahre offenbar richtig gepflegt worden: immer mir zur Seite, neben der Schreibmaschine ...

Rechts: Monumentale Gruppe in zwei Sechseck-Großgefäßen, deren Höhenunterschied die übereinstimmende Bepflanzung besonders eindrucksvoll macht. Es geht um ausgesucht schöne, gleichmäßig gewachsene Drazänen der Sorte *Dracaena fragrans* 'Massangeana' am Stamm. Der Höhenunterschied dieser Stämme liegt zwischen 50 und 150 cm. Zwei »stammlose« Exemplare dienen zugleich als Bodendecker, die durch sparsam verwendetes *Epipremnum aureum* – Handelsname immer noch *Scindapsus* – ergänzt werden. Das Ganze ist elegant und zweckmäßig gestaltet wie selten.

Die laufende Pflege

verwenden: heißes Wasser und allenfalls Ausbürsten mit echter Schmierseifenlösung machen jeden Kulturtopf ohne Bruchstellen wieder gebrauchsfähig. Blähton kann zu völliger Desinfektion sogar »durchgekocht« werden. Meist genügt aber gründliches Spülen mit heißem Wasser.

Wenn der geringste Verdacht einer Infektion besteht oder Fäulnis eine Pflanze zum Eingehen gebracht hat, dann heißt die Wiederverwendung von Blähton und Kulturtopf Sparsamkeit am falschen Platze.

Hier gilt die gleiche Vorsicht wie bei Blumentöpfen und Blumenerde. Neues Material bietet die größere Sicherheit.

Weil es gerade so nahe liegt, lassen Sie mich nochmals an die Gefährlichkeit der auch in guten Hydrogärtnereien leider immer noch verwendeten üblichen hölzernen Blumenstäbe und – für stärkere Pflanzen – Bambusstangen erinnern. Erinnern auch daran, was zu dieser Sache schon im Kapitel vom Zubehör auf Seite 26 und 27 gesagt und gezeigt wurde. Dazu als Warnung nebenan noch ein Bild von der traurigen Wahrheit, für die es beim Fachmann längst keine Ausrede mehr geben dürfte.

Es ist richtig: faulungsfeste Blumenstäbe kleinerer Formate aus Kunststoff oder Glasfaser gibt es nicht überall zu kaufen. Natürlich spürt der Gärtner im Gewächshaus, bis die Pflanzen verkaufsfertig sind, kaum etwas von Fäulnisschäden: Die stellen sich oft erst nach Monaten ein und gehen als kaum erkannter Kulturfehler zu Lasten des ahnungslosen Käufers.

Der wundert sich dann vielleicht eines Tages, wieso seine Nährlösung, die er mit MERCKOQUANT-Stäbchen prüft, dauernd einen immens hohen Nitritgehalt in der oberen Warnzone anzeigt.

Das Wundern vergeht ihm, wenn er auf die gute Idee kommt, den Bambusstab oder die Blumenstäbchen einmal loszubinden und herauszuziehen. Übler Geruch und bräunlichschwärzliche Verfärbung sprechen eine deutliche Sprache, wie sie das Bild nebenan bestätigt.

Echter Verbraucherschutz wäre es, wenn mit Bambus oder Holz gestäbelte Hydropflanzen vom Gütezeichen ausgeschlossen würden.

Der Käufer aber sollte solche Pflanzen zurückweisen und hier die gleiche Lebensmittelqualität verlangen wie es bei Kulturtöpfen und Hydrogefäßen gefordert wird.

Doch dies ist nicht das einzige Problem, dessen Ursachen noch vor der Pflege im eigenen Heim liegen. Auch Gewächshaus und Blumenhandel können manches Risiko für künftiges Gedeihen bergen.

Die laufende Pflege

Fäulnis aus dem Kulturtopf: der Bambusstab oben brachte innerhalb Jahresfrist einen *Philodendron* fast zum Erliegen; auch die braunen Enden der Holzstäbe bedeuten Gefahr!

Wer immer Hydropflanzen kauft, der möge nicht nur bedenken, **was** er kauft, sondern **wo** er kauft.

Es gibt fliegende Händler und ähnliche Institutionen, deren »preiswerte Ware« sich schon nach wenigen Tagen als sehr nachlässig »auf Hydro« getrimmter Massenartikel erweist: es können sogar Pflanzen mit Erdballen und ein paar Finger hoch Blähton darüber sein …
Aber auch an sich fachgerechte Vorkultur der Stecklinge bis zur Verkaufsreife kann später Schwierigkeiten bringen:

Das Gitterwerk der Anzuchttöpfchen kann so eng sein, daß es mit zunehmendem Wachstum zum wahren Wurzelgefängnis wird.

Ich habe Fälle erlebt, da ging einfach gar nichts mehr, und man konnte nur durch vorsichtiges Bloßlegen des Anzuchttöpfchens nebst noch vorsichtigerem Aufschneiden den nachdrängenden Wurzeln Platz schaffen. Manche Anzuchtbetriebe verwenden deshalb nach wie vor Schlitz-Anzuchttöpfe mit Sollbruchstellen, siehe Abb. Seite 18. Sie werden von den Wurzeln rechtzeitig auseinandergesprengt und bildet dann kein Hindernis mehr. Leider gibt es diese Töpfe nicht mehr. Manche Jungpflanzen werden auch in Vermehrungssubstraten wie GRODAN oder Steinwolle angetrieben. Sie gedeihen zunächst gut, tragen aber später ständig einen »nassen Halsumschlag«, den viele Wurzelhälse nicht vertragen und mit Fäulnis beantworten.

Die laufende Pflege

In sorgfältig geführten Kulturbetrieben werden solche Wachstumshilfen vor dem Umsetzen ins Verkaufsgefäß entfernt.
Bei eigener Stecklingsanzucht sollte man lieber darauf verzichten. Es kann viel Ärger ersparen. Im übrigen bietet hier das Kapitel über die Vermehrung ab Seite 106 weitere Informationen zur guten häuslichen Pflege.
Auch über das Thema der Kulturtöpfe und Hydrogefäße ist schon in einem eigenen Kapitel ab Seite 18 so manches Grundsätzliche gesagt worden.

Nicht oft genug kann – außer dem Unsinn viel zu dichter »Dekorationsbepflanzung« auch vor der Wahl zu kleiner Kulturtöpfe für Dauergebrauch gewarnt werden.

Wenn es sich nicht um langsamst wachsende Mini-Kakteen und entsprechende Sukkulenten handelt, ist schon der 11er-Topf fast zu klein und der 15er-Topf als unterste Grenze vorzuziehen. Auch sei hier wiederholt:

Anders als Topfblumen, bei denen man die vorgeschriebene Verträglichkeit des größeren oder kleinen neuen Topfes genau beachten muß, nehmen Hydropflanzen einen reichlich großen Topf nicht übel.

Wer nur auf dekorative Wirkung bedacht ist, wird sich vielleicht daran

4 Jahre hatte die Amaryllis in dem längst zu klein gewordenen 11er-Topf gesessen. Das Aufschneiden bewies die qualvolle Enge der völligen Durchwurzelung.

Die laufende Pflege

stoßen. Aber ist brauner Blähton als Oberfläche nicht auch hübsch?

Die gleichen Größen-Vorbehalte wie beim Kulturtopf gelten für das umgebende Hydrogefäß. Im Gegenteil: Hier sollte man bei der Gefäßwahl noch viel sorgfältiger auf eine gewisse Bewegungsfreiheit im Wurzelbereich bedacht sein.

Je enger das Gefäß, desto höher müßte der Wasserstand sein, damit die Forderung an eine immer wieder versprochene Langzeitbewässerung leidlich erfüllt werden kann. Nun wollen wir aber unsere Pflanzen künftig unbedingt nach den Erkenntnissen des gleichmäßig niedrigen Wasserstandes und des Verzichtes auf die unguten ständigen Wechselbäder zwischen hoch und niedrig halten. Also sollten Tischgefäße zumindest »unten herum« möglichst ausgebaucht sein, um bei niedrigem Stand mehr Wasser fassen zu können. Sonst muß man – damit der für die Atemluft im Wurzelbereich geforderte Zustand erreicht wird – fast täglich kleinste Mengen nachfüllen.

Die Hydrokultur würde sich dadurch, zumindest auf diesem Gebiet, geradewegs ad absurdum führen ...

Die auf einer Blähton-Unterlage gut verteilten Wurzeln werden unter langsamem Drehen des neuen Topfes vorsichtig zugeschüttet, wie wir das beim Umstellen gemacht haben.

Sanftes Rütteln bringt die Zwiebel auf den richtigen Stand. Im April umgesetzt, kann sie ihr Laub über Sommer voll entwickeln und wird dann über Winter durchkultiviert.

Die laufende Pflege

Wasserfragen und kein Ende...

An dieser Stelle muß ich ganz dringend bitten, zur Rückerinnerung an die Grundlagen auftauchender Probleme erst noch einmal das Kapitel »Aus Wasser wird Nährlösung« ab Seite 40 durchzulesen. Dann gewinnen auch die vorangegangenen Sätze zum Thema »Gefäßwahl« an Bedeutung im Zusammenhang, und ich darf meine Leser gleich mit einem Zitat aus berufenstem Munde erfreuen:

> 95% aller Ärgernisse mit der Hydrokultur kommen vom »Gießen«!

Nun ist dieser Prozentsatz zwar ironisch hochgegriffen, und wir wissen längst, daß es außer mißverstandener Gießerei noch etliche andere Steine des Anstoßes gibt, die man nicht einfach auf den Schultern der gießenden Blumenfreundin abladen soll. Aber es stimmt leider. Noch von der Erdkultur her gießt sie in bester Absicht gar zu gern. Unermüdlich und ohne an das Auf und Ab des jahreszeitlichen Bedarfes zu denken, herrscht nur der Wahn: die Blumen müssen »genug zu trinken haben«. Daß die Wurzeln dadurch jeder Atemluft beraubt und die Pflanzen schlichtweg ersäuft werden, bedenkt und begreift man nicht. Aber davon war schon soviel die Rede, daß es jetzt wirklich nicht wiederholt werden muß. Im folgenden Kapitel von der Praxis des HYDRO-TANK mit seinem bewußt auf den durch das Nachfließen kleinster Wassermengen regulierbaren echten Bedarf, über den die Pflanze selbst entscheiden kann. Doch bevor wir dazu kommen, zuerst noch die Frage der Temperatur:

> Jegliches Wasser, das zu irgendwelchen Pflegemaßnahmen verwendet wird, muß unbedingt »zimmerwarm« sein.

Das gilt für die konservative Methode ebenso wie für Hydrokultur mit Ionenaustauscher. Keinesfalls darf man mit frisch aus der Kaltwasserleitung geholtem Naß auf die Pflanzen losgehen und ihnen dadurch einen kräftigen Kälteschock versetzen. »Zimmerwarm« ist je nach menschlicher Gewohnheit ein ebenso dehnbarer Begriff wie »handwarm« oder »lauwarm«. Wir einigen uns also auf das Badethermometer als weiteres Hydro-Zubehör, damit es uns richtige 22–24 °C für jegliche »Wasserarbeit« anzeigt.

Und noch ein Grundsatz sei hier zwecks »Gießbeschränkung« eingefügt: Wer nach konservativer Methode arbeitet, soll eine bestimmte Relation zwischen Wassermenge und tatsächlichem Wasserverbrauch innehalten. Mit anderen Worten: Nährlösung und »Nachgefülltes« dürfen nicht endlos lange im Hydrogefäß bleiben. Man soll also

Die laufende Pflege

die Wassergaben mit fortschreitender Erfahrung steuern. Die Regel heißt hier: wenn nach Absinken des Schwimmers bis auf MIN. eine Zwischenfüllung mit klarem Wasser notwendig wird, so soll diese Ergänzung der Nährlösung nicht länger als 3 Wochen vorhalten.

Nach 2, höchstens 3 Wochen soll der Schwimmer also wieder ganz unten sein und Nachfüllen mit frischem Wasser anzeigen.

Ist der Verbrauch höher, so darf man jederzeit frisches, den Regeln der Aufbereitung entsprechendes und richtig temperiertes Wasser nachfüllen. Bei sehr wasserbescheidenen Pflanzen, wie beispielsweise Kakteen und anderen Sukkulenten, kann der Verbrauch so gering sein, daß man die »Nachfüll-Dosis« entsprechend herabsetzen sollte. Die Sache erscheint auf den ersten Blick ein bißchen unbequem, – aber sie beweist unumstößlich die elementare Erkenntnis:

In Wasserfragen ist bei Hydrokultur weniger fast immer mehr!

Ausdrücklich sei angemerkt: diese »Mengenlehre« mit dem streng begrenzten Nachfüllen auf jeweils 3 Wochen statt ständig überquellendem Gießen aus Herzensgüte gilt nur für die konservative Methode und Gefäße mit Wasserstandsanzeiger. Die Termine für das Auswechseln der Nährlösung betragen während der Wachstumszeit durchschnittlich 6–8 Wochen. Man richte sich nach den Vorschriften des verwendeten Präparates. Aber auch hier geht es nicht ohne bestimmte Regeln ab, zumal, wenn dem Winter und echten Ruhezeiten Rechnung getragen werden muß, und auch die im beheizten Wohnraum überwinternden Pflanzen ohne eigentliche Ruhezeit doch unter der geminderten Tageshelle leiden. Das Stichwort »kalte Füße« zwingt immer wieder zu der Einsicht:

Je weniger Licht und je weniger Wärme, desto geringer Nährstoff- und Wassermenge.

Es genügt, die Salzreste früherer Nährlösungsgaben auszuspülen und die Wassermenge so niedrig zu halten, daß die Wurzeln »gerade feucht bleiben«. Dies gilt für mittelhelle Standorte mit Temperaturen von 10–12°C. Gelegentliche Nachschau und Befeuchten mit leicht vorgewärmtem Wasser sind dringend anzuraten.
Dies gilt besonders für bewurzelt ruhende Zwiebeln, immergrüne und laubabwerfende Gehölze, auch etwa unsere liebe alte Passionsblume, die schon ihrer Blühwilligkeit wegen bei rund 6°C überwintern muß. Vertrocknen von Hydropflanzen ist selten und fast immer eine Folge menschlicher Unachtsamkeit. So zählt es zu den Kulturfehlern...

Die laufende Pflege

Einfacher: LEWATIT HD 5

Die Pflege von Hydropflanzen wird damit wesentlich vereinfacht. Um die Vorteile auszuschöpfen, soll die Wirkungsweise erläutert werden. Die Bezeichnung Ionenaustauscher sagt viel über das, was in der Nährlösung stattfindet. Die Ionen im Leitungswasser werden ausgetauscht gegen die Ionen, mit denen der Ionenaustauscher-Kunststoff beladen ist.

Lewatit HD 5 ist beladen zum Beispiel mit dem Kalium-Kation K^+ und dem Nitrat-Anion NO_3^-. Wirft man Lewatit HD 5 ins Wasser, passiert folgendes: Das Calcium-Ion »klebt« am Ionenaustauscher, dafür werden 2 Kalium-Ionen an das Wasser abgegeben. Kalium-Ionen sind aber ein Hauptnährstoff für die Pflanze. Das gleiche geschieht mit den Anionen. Ein Carbonat-Ion wird ausgetauscht gegen 2 Nitrat-Ionen. Dieser Austausch ist temperaturabhängig. Bei 0 °C kann es 4 Tage dauern, bis alle Ionen auf dem Kunststoff-Material (bei Lewatit HD 5 ist es Polystyrol) ausgetauscht sind, bei 10 °C und bei Zimmertemperatur dauert es immer noch Stunden. Da Pflanzen aber nicht Ionen in beliebiger Menge aufnehmen, macht das nichts.

Es wird aber ein anderes Problem sofort klar: Calcium und Magnesium sind ja wichtige Spurenelemente. Was ist, wenn der Ionenaustauscher die Ionen gebunden hat? Tatsächlich führt ein Lewatit HD 5-Überschuß zu Calcium- und Magnesium-Mangel. Durch die Zugabe dieser Ionen (mineralisch oder auf Kunststoff-Träger) versucht man, dies auszugleichen (HD 5 plus u. a.). Jedoch: Das Hauptargument des ganzen Umstandes, die Langzeitversorgung, ist damit aufgehoben.

Die Pflanze scheidet zwar »Abfallionen« aus, aber nur in geringem Maße. Am Ionenaustausch ist im wesentlichen daher nur das Leitungswasser beteiligt. Ein hoher Wasserverbrauch (durch Verdunstung z. B.) bedeutet daher auch ein hohes Nährstoffangebot seitens des Ionenaustauschers. Die meisten Zimmerpflanzen mögen damit zufrieden sein.

Für die Anwendung von Lewatit HD 5 ergibt sich: Der Ionenaustauscher muß ständig mit der Nährlösung in Verbindung stehen. Von oben einspülen ist also garantiert die falsche Methode. Besser ist ein Rohr, das zur Nährlösung hinabreicht. Noch bequemer ist ein Hydro-Tank, aus dessen Rahmen das verbrauchte Lewatit HD 5 auch wieder abgesaugt werden kann. Ionenaustauscher allgemein sind ein idealer Nährboden für Mikroorganismen. Daher nach Gebrauch entfernen. Am leichtesten geht dies mit den deutlich teureren Beuteln. Beim Hydro-Tank ist dies auch wieder besonders einfach: Der Beutel wird unter den Tank gelegt und dort auch wieder entnommen.

Die laufende Pflege

Rückschnitt

Die unten abgebildete »Riesen-Hungerwurzel« führt zu der Frage, ob man so etwas – ebenso wie zu groß gewordene Hydropflanzen überhaupt – durch Rückschnitt wieder in Form bringen kann?

Es geht wie im Garten bei allen Pflanzen, die zum Verkleinern einen Rückschnitt von Laubkrone und Wurzelkrone gestatten.

Beste Beispiele: *Ficus benjamina* und andere Gummibäume; *Philodendron*-Arten; *Schefflera,* Zimmerlinde. Normaler Rückschnitt einzelner Triebe, Auslichten verkahlter Zweige sind im gleichen Umfang möglich wie bei Pflanzen in Erdkultur. Bester Zeitpunkt zur vollen Triebzeit bis Frühsommer.

Vernünftiger Rückschnitt und rechtzeitiges Stutzen können das Wachstum »von unten herauf« gerade dann erheblich anregen.

Andererseits erfordern all solche Maßnahmen viel Fingerspitzengefühl und Geduld. Der Fachmann würde wohl längst gesagt haben: »Schmeiß' das Ding weg!« Was unsereiner natürlich zunächst um keinen Preis tun würde ...

Es geht die Rede, man könne das Wachstum der Hydropflanzen durch knappe Kost zügeln. Das Gegenteil ist richtig: Hunger macht Wurzeln, die überall nach Nahrung herumsuchen. Außerdem wird die schlecht ernährte Pflanze auf Dauer geschwächt und anfällig.

Die laufende Pflege

Winterpflege

Anfänger sollten keine Pflanzen mit komplizierten Ansprüchen an die winterliche Ruhezeit wählen, sondern sich jene immer wieder empfohlenen Gewächse anschaffen, die ohne große Umstände der ganzjährigen Zimmerkultur angepaßt sind. Wobei der heute schon häufig geforderte niedrige Wasserstand selbst bei etwas kühlerer »Wohnwärme« das Überleben fördert und Energie sparen hilft.

Die Pflanzenauswahl von Palme und Philo bis zum Usambaraveilchen ist wahrlich groß genug.

Sehr wichtig – besonders auch für Großgefäße: Steinfußboden am Abstellplatz meiden. Es fördert in hohem Maße die gefürchteten »kalten Füße«, die zusammen mit einem zu hohen Stand der kalten Nährlösung auftreten. Eine etwa 20 mm starke Styroporplatte hilft schon viel. Andererseits trägt der Standort unten auf dem Fußboden auch aus Gründen des Lichtmangels nicht zum Wohlbefinden der Pflanzen bei. Die Styroporplatte wiederum ist auch bestens geeignet, um auf Fensterbänken und Heizkörpern wärmedämmend zu wirken. Hier geht probieren über studieren: man muß

Links: Heiztextilien von BAYER (links); DANFORD-Heizgerät mit Fühler (Mitte oben); Heizplatte von KRIEGER (Mitte rechts); FLORATHERM-Kabel. Rechts: Meine maßgefertigte Hydro-Fensterbeheizung mit Heizkabel und thermostatischer Steuerung zum Einstellen von Einzelgefäßen hat sich jahrelang bestens bewährt. Bezugsquellen finden sich auf Seite 124.

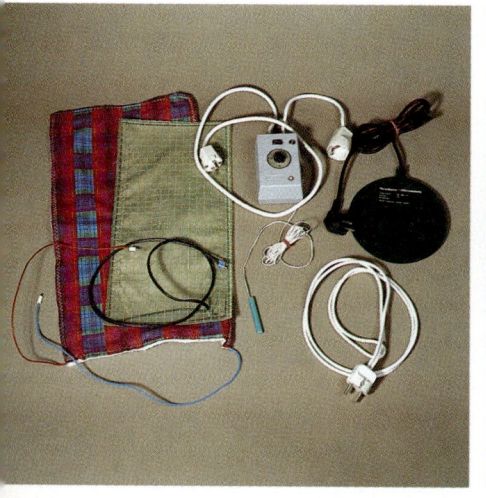

Die laufende Pflege

selbst ergründen, wieviel Wärme oder Kühle man seinen Hydropflanzen ohne Schaden zumuten kann.

Dabei spielt die Luftfeuchtigkeit eine entscheidende Rolle.

Lufttrockenheit ist mit das Schlimmste, was wir unseren Pflanzen im beheizten Raum zumuten können. Kommen noch der kaum vermeidbare Lichtmangel und bei ungünstigem Standort sehr wohl zugleich mögliche »kalte Füße« dazu, dann stellt sich leicht auch Befall mit Schwächeparasiten ein. Was man im Pflanzenschutzkapitel ab Seite 116 bestätigt findet.

Dringende Mahnung: bei allen Maßnahmen der Winterpflege besonders sorgfältig auf die Temperatur des Wassers achten!

Auch dort, wo kein hygrostatisch geregelter Luftbefeuchter nach dem Verdunsterprinzip arbeitet, sondern nur eine Blumenspritze von Hand bedient wird, soll das möglichst am späten Vormittag mit temperiertem und – zur Verhütung von Kalkflecken – möglichst weichem Wasser geschehen. Aber natürlich nicht in grelle Besonnung hinein! Pflanzen des tropischen Regenwaldes vom Philodendron aufwärts fühlen sich im Winter bei 50–60% Luftfeuchtigkeit am wohlsten. Kakteen und andere Sukkulenten, die nach dem Prinzip der »Trocken-

ruhe« überwintern und nach neueren Erfahrungen in Hydro am gewohnten Platz im Zimmer bleiben können, sollten auf jeden Fall nicht eigens eingesprüht und möglichst auch von zuviel Luftfeuchtigkeit fern bleiben. Sonst hilft nur an geeignetere Standorte ausquartieren.

Ein moderner Luftbefeuchter soll möglichst problemlos arbeiten. Dieses Modell B 110 der »Brune-Luftbefeuchtung« ist nach der Modultechnik entwickelt und arbeitet – siehe Bild – nach dem Verdunsterprinzip.

Oberteil

Motoreneinheit

Mittelteil

Unterteil

Die laufende Pflege

Licht und Kunstlicht

Noch immer gibt es sogenannte Blumenfreunde, die ernstlich meinen, man könne Hydro-Pflanzen in jeden dunklen Winkel stellen, denn »die brauchen ja kein Licht!« Die Wahrheit ist:

Hydropflanzen brauchen je nach ihrer Heimat und Herkunft genausoviel Licht wie andere Pflanzen.

Nur daß hier wie dort die Ansprüche sehr verschieden sind, weshalb an anderer Stelle schon geraten wurde, den Pflanzenbestand im Einklang mit den örtlichen Verhältnissen auszuwählen und zu gruppieren. Dabei bleibt noch zu bedenken, daß der Mensch mit seinen überaus anpassungsfähigen Augen den schlechtesten eigenen Lichtmesser besitzt. Da Licht aber zu den unabdingbaren Lebensvoraussetzungen jeder Pflanze gehört und sie ohne ausreichende Helligkeit nicht atmen und erst recht nicht gedeihen kann, sind »klare Verhältnisse« hier in besonderem Maße unverzichtbar.

Ein zuverlässiges »Luxmeter« (auf deutsch Lichtmesser genannt) sollte bei keinem Zubehör der Hydrokultur fehlen.

Ich selbst besitze zur Zeit deren fünf: ein teures Profigerät mit magischem Auge: es dient unter anderem dazu, den jeweils angebotenen »Billiggeräten« auf die Spur zu kommen. Sie scheinen sonderbarerweise mit dem Licht auf Kriegsfuß zu stehen, denn trotz wundersamer Skalen – in einem Fall bis hinauf zu hier völlig unsinnigen 6000 Lux – zeigen sie nur im Halbdunkel gleiche Werte bis etwa 100 Lux an. Ich meine: dafür sind auch DM 20.- noch zuviel. Ganz zu schweigen von dem Schaden, den vertrauensvolle Fehlmessungen anrichten können. Ein höherer Preis ist da in jedem Fall billiger. Doch dazu eine Warnung: es ist leider üblich, jedoch für den Laien verwirrend, daß beigegebene Meßtabellen nur »Mindestwerte« angeben, bei denen die Pflanzen gerade noch existieren können«. In der häuslichen Praxis kann man seine Pflanzen nur nach Gruppen zusammenfassen und für jede dieser Gruppen – von schattig bis hellsonnig – wie immer Durchschnittswerte ermitteln.

Diese Werte bewegen sich um die »Ideal-Helligkeit« von 1000–2000 Lux und gelten auch für Zusatzbeleuchtung mit Kunstlicht.

Man ersieht daraus, welchen Schaden wochenlang trübes Wetter, wie in manchem Frühsommer mit 300 Lux Tageslicht zur Mittagszeit, unseren meist aus tropisch-hellen Gebieten stammenden Hydropflanzen zufügen kann. Blüten und bunte Blätter leiden darunter. Aber auch solchem Ungemach können wir selbst in der

Flora-Set F von Osram liefert geeignetes Licht. Tiefe Schatten sind allerdings zu vermeiden.

heutigen Zeit des Energiesparens begegnen. OSRAM entwickelte den FLORA SET, der bei geringstem Stromverbrauch eine hohe, weit ausstrahlende Helligkeit ohne Hitze bietet.

Eigene Erprobung bewies, daß diese Leuchten als Zusatz-Erhellung wie als vollkommener Tageslicht-Ersatz mit etwa 12 Stunden Brenndauer auch heute vertretbar sind. Die Pflanzen danken dafür. Die Leuchten enthalten in ihren »Baldachinen« einen so großen Kabelvorrat, daß sie nach Belieben länger oder kürzer herabhängen. Jedoch: Die von der Decke baumelnden Leuchten erreichen die Blätter der großen Pflanzen zuerst und tauchen dann nicht nur die Bodendecker in tiefes Dunkel – wie im Urwald. Der Kampf ums Licht findet auch unter den Zimmerpflanzen statt und die Kleinen sind, besonders bei künstlicher Beleuchtung, die Verlierer. Was ist da zu machen? Weiße oder blaue Leuchtstoffröhren mit geeignetem Spektrum sind auch gute Pflanzenleuchten, sie sollten in jedem Falle in ausreichender Menge zusätzlich zur punktförmigen Beleuchtung vorhanden sein, um krasse Helligkeitsunterschiede zu vermeiden.

Neue Hydro-Tank-Praxis

Idee und erste Wege der Entwicklung des HYDRO-TANK-Systems Dr. Blaicher sind zwar schon ab Seite 30 in einem eigenen Kapitel vorgestellt worden. Hier geht es nun zunächst um die Handhabung des »Drehtanks«, aber auch um eine bedeutsame Erweiterung seiner Palette über den Zierpflanzenbereich hinaus.

Die wichtigsten Gesichtspunkte

1. Kein Wasserstandsanzeiger mehr: ein Druck auf den Kippdeckel des Tischgefäßes oder Abheben des Rahmendeckels bei den Einbauformen – und der meist durchsichtige Tank zeigt, wieviel fehlt.
2. Wenn je nach dem Wasserstandsprogramm die Grundfüllung des Umgefäßes mit vorgewärmtem Wasser erfolgt ist, kann der Tank im weiteren Gebrauch unbesorgt und jederzeit mit kaltem Wasser nachgefüllt werden.
3. Der Kulturtopf wird einfach in seine Halterung eingestellt und braucht für weitere Hantierungen nicht mehr bewegt oder gedreht zu werden: keine Gefährdung durch Abdrehen von Wurzeln!
4. Versorgung bei Ionenaustauscherkultur mit LEWATIT HD 5 denkbar bequem. Teebeutelchen in Tanknähe einlegen; loses Granulat immer ins Grundgefäß geben, nie auf den Blähton im Kulturtopf streuen, wo es vom Grundwasser nicht erreicht würde.
5. Konservative Methode: bei Erst-

Tank randvoll füllen

Tank rasch um 180° drehen, so daß Öffnung nach unten zeigt.

Normalwasserstand nach Skala einstellen

gebrauch vorgewärmtes »Grundwasser« und erste Tankfüllung besonders bei frisch umgestellten Hydropflanzen ohne Nährstoffbeigabe. Ist auch bei neu hinzugekauften Pflanzen aus der Gärtnerei zur Akklimatisierung zu empfehlen. Später wechselweise jeweils einmal Tank mit zubereiteter Nährlösung, einmal mit klarem Wasser auffüllen. Kleine Überschüsse nach der einen oder anderen Richtung sind unerheblich.
6. Insgesamt: das »System« beruht nicht nur auf dem vom Drehtank gesicherten niedrigen Wasserstand. Vieles kommt hinzu.

Ohne Zusammenpflanzungsgefahren, – vereint und doch pfleglich getrennt wachsen diese *Areca*- oder Betelpalme und unser hier ganz friedlicher *Ficus pumila* im gleichen Gefäß: beide versorgt vom 1-Liter-Einbau-HYDRO-TANK mit dem so leicht nachfüllbaren Wasservorrat.

Der HYDRO-TANK 'S'

Als sich herausgestellt hatte, daß die Wurzeln bestimmter Pflanzen zwar feuchte Luft lieben, aber geradezu wasserfeindlich sind, entstand durch tiefere Anbringung der Achslager der HYDRO-TANK 'S' (=Spezial). Es ist sozusagen der Triumph des gleichbleibend niedrigen Wasserstandes, wobei auch hier – wie bei der Normalform – das Wasser durch »Nachsaugen« ständig bewegt wird.

Auf »Null« gestellt, bildet das Wasser nur noch ein winziges Pfützchen: es reicht dennoch auch für Ruhezeiten völlig aus. Sogar das oft beklagte Versagen der Blüte bei Orchideen hat dadurch seine natürliche Überwindung gefunden. Die *Phalaenopsis* von Seite 85 blüht seither jedes Jahr!

Neue Hydro-Tank-Praxis

Anzuchtbeete mit »Tankstelle«

Nicht nur der niedrige Wasserstand des 'S'-Tanks erlebte seine Triumphe, die außer immer wieder blühenden Orchideen besonders Kakteen und andere Sukkulenten sowie Farne betreffen. Vielmehr wurden auch dem ganzen 1-Liter-Einbau-Modell von Seite 32 völlig neue Aufgaben zuteil.

Nicht mehr diente sein schlichter brauner Rahmen dem Einbau, sondern er fand nebst Drehtank Platz auf flachen Schalen verschiedener Größe, wie sie auf Gewächshaustischen üblich sind. Der Anstoß dazu ergab sich aus einem Gespräch mit der Redaktion der Zeitschrift MEIN SCHÖNER GARTEN: Es sollte mit dem frei aufgestellten 1-Liter-Einbau-HYDRO-TANK ein Weg zur Entlastung der Besitzer von Kleingewächshäusern gefunden werden.

Los von der ewigen Bindung ans Gießen und dazu noch besseres Wachstum durch die gleichmäßige Hydrokultur.

So etwa lautete die Parole. Wie glänzend der Versuch über drei Monate hinweg gelang, bewies dann ein großer Bericht mit dem Titel »Anzuchtbeete mit Tankstelle«. Vorweggenommen sei, daß es bei den Versuchen im Kleingewächshaus nicht blieb, – das Anzuchtset von Seite 107 kam noch dazu. Es bescherte mir nicht nur das dort erwähnte »Kakteengärtchen«, sondern auch »Mini-Tomaten« mit ersten Früchten im Mai ...

Prunk- und Stangenbohnen, schon bei Anzucht in Eimern mit Überlauflöchern bewährt, wurden jetzt vereinfacht im Großgefäß mit 2-Liter-Einbautank ausgesät. Die 180-cm-Stangen sind natürlich aus Kunststoff!

Inmitten der 60 × 60 cm großen Schale mit nur 8 cm Kantenhöhe steht der 1-Liter-Einbautank 'S', da nach Bewurzelung der Keimlinge niedrige Wasserstände benötigt werden. Hier der Wachstumsstand zwei Wochen nach der Aussaat. Der Wasservorrat hielt auch später nie weniger als 4–5 Tage – meist länger. Siehe hierzu auch auf Seite 20 die blühende Gurke.

Küchenkräuter und Gemüse

In der Schale oben wuchsen bei 4–5 mm Wasserstand Schnittsalat, Kerbel, Dill, Pimpinelle, in ein paar Kulturtöpfchen je zwei Freiland-Gurken, Monatserdbeeren und fünf inzwischen längst zur Blüte gekommene Geranien prächtig heran. Es gab zwei Balkonkästen mit eingebautem Tank und Zuckererbsen »Frühe Heinrich«. Sie kletterten an Bindfäden, die von einer prakti-schen Querleiste der Dachkante unseres Kleingewächshauses herabhingen, und vielem mehr. Erfahrungen mit dem Blähton: Die feinste Körnung 0–4 mm bewirkte rascheres Keimen, wegen stärkerer Verdichtung später aber langsameres Wachstum gegenüber den Jungpflänzchen in der Körnung 4–8 mm, die besser durchlüftet ist. Große Samen wie Bohnen und Erbsen wurden in Normalkörnung 8–12 mm gelegt. Sie keimten langsam, wuchsen dann aber um so besser.

Hydro-Kinderstube: Vermehrung

Früher einmal haben wir gelernt: Es gibt zwei Hauptgruppen der Pflanzenvermehrung: die generative oder geschlechtliche Vermehrung aus Samen und die vegetative oder ungeschlechtliche Vermehrung aus Pflanzenteilen verschiedenster Art vom Steckling bis zur Brutzwiebel, wobei auch die Teilung zu groß gewordener Pflanzen meist noch dazu gerechnet wird.

Alle diese Vermehrungsarten lassen sich fast ohne Abwandlung – und soweit die oft erhebliche Mühe nebst langer Dauer der Entwicklung lohnen – mittelbar oder unmittelbar auch in Hydrokultur nachvollziehen. Im Gegenteil: manches geht hier wiederum besser als in Erde, weil typische Schädigungen des Keimlings- und Jugendalters nicht vor-

kommen. Große Bedeutung hat dagegen wieder die Frage der Bewässerung; weil zuviel (das die zarten Wurzeln faulen läßt) ebenso schädlich ist wie zu wenig mit schnellem Trockentod.

Zwei weitere Faktoren kommen hinzu: sie heißen Bodenwärme und Licht. Keimlinge und Stecklinge sollten deshalb möglichst immer »in den Sommer hineinwachsen«.

Das nebenan gezeigte Anzuchtset mit HYDRO-TANK oder ein heizbares Zimmer-Frühbeet machen natürlich vieles leichter.

Aber Anzucht aus Samen hat bei Zimmerpflanzen nicht selten den Nachteil der Blütenlosigkeit, die bei vegetativer Vermehrung kaum vor-

Zwei Kopfstecklinge der blätterduftenden Geranie: die Wurzeln treiben aus den Blattknoten (Nodien), deren Blätter vorher entfernt wurden.

Hydro-Kinderstube: Vermehrung

Das »Kräuterset« mit ½-Liter-Tank erweist sich immer deutlicher als Mehrzweckgerät. Man zieht darin nicht nur Küchenkräuter für den täglichen Bedarf zu jeder Jahreszeit, verwendet es als Kakteengärtchen und zur Stecklingsanzucht, sondern stellt beispielsweise wie hier im vorderen Gefäß interessante Versuche über die Keimdauer verschiedener Zimmerpflanzen an. Im hinteren Gefäß ist gerade der so wohlschmeckende und gesunde Senfsamen »tafelfertig«. Er braucht dazu bei warmem Stand unter der Haube wie Kerbel 4–5 Tage (nur Wasser, keine Nährlösung!). Pflänzchen nicht schneiden – herausziehen, gesäuberte Wurzeln mitessen.

kommen würde. Eine reichblühende Mutterpflanze trägt viel dazu bei.

> Zur Stecklingsvermehrung für Hydro verdient Wurzelziehen in Wasser den Vorzug.

Durchsichtige Gefäße sollte man immer in Alu-Folie einschlagen: Licht bringt Algen, Wurzeln wachsen im Dunkeln, – zum Nachsehen den Einschlag leicht beiseite schieben.
Dazu noch ein kleiner Trick: für alle, denen härteres Wasser LEWATIT HD 5 als Nährstoff empfiehlt. Wie man auch auf den Bildern Seite 106 und 113 deutlich erkennt, gebe ich allen Stecklingen zur besseren Bewurzelung eine Prise von dem Ionenaustauscher mit ins Wasser.
Sind die Wurzeln gut entwickelt, so wird gleich in den späteren Kulturtopf gepflanzt. Er darf ruhig größer sein. Wenn der Wasserhaushalt stimmt, nimmt die junge Hydropflanze das nicht übel. Andererseits hat nach neuen Erfahrungen Samen- wie Stecklingsanzucht – besonders für Langsam-Wachsende – im 6/6er Töpfchen ihre Vorzüge.

Hydro-Kinderstube: Vermehrung

Boden des Kulturtopfes der Wurzellänge entsprechend mit Blähton gefüllt; Steckling entsprechend darüber halten.

Bei langsamem Drehen den Kulturtopf rund um die Pflanze mit Blähton auffüllen; Standhöhe beachten!

Kopfstecklinge einfacher Pflanzen, die sich leicht bewurzeln, kann man auch ohne »Wurzelziehen« im Wasser direkt in den Hydro-Kulturtopf hinein abstecken. Wichtig ist dafür, daß die Stecklinge – beispielsweise von Tradeskantien, auch Schnittabfall von *Scindapsus* und die allzeit wuchsfreudigen, aber bei noch kurzer Bewurzelung doch sehr wasserbedürftigen Jungpflanzen des *Chlorophytum,* durch hier ausnahmsweise einmal nützliche Erhöhung des Wasserstandes bis dicht unter ihre Bewurzelungszone feucht gehalten werden.

Der Kopfsteckling soll außer der Triebspitze nicht mehr als 2–3 Blattpaare oder größere Einzelblätter haben. Der Schnitt wird dicht unter dem Blattknoten des zum Stecken bestimmten Stielendes ausgeführt, weil dort (siehe Abb. Seite 107 links vorn) die Kallusbildung und dann die Bewurzelung erfolgt.

Wichtig: Stecklinge sollen stets mit scharfem Schnitt von der Mutterpflanze abgetrennt werden. Das fördert die rasche Kallus- und Wurzelbildung.

Stecklinge krautiger Pflanzen brauchen besonders bei dem fast immer benötigten warmen Stand von 22–26 °C Wasserwärme (nicht Luftwärme) einen Verdunstungsschutz. Sie können ganz ohne oder erst mit

Hydro-Kinderstube: Vermehrung

Pflanze durch vorsichtiges Aufstoßen des Kulturtopfes »einrütteln«, dabei Standhöhe nicht zu tief auf Mitte regulieren.

Nach Einstellen in das Mantelgefäß je nach Wurzellänge sparsam angießen; LEWATIT HD 5 schon beigeben, sonst klares Wasser.

Bei so reicher Belaubung der Iresine Verdunstungsschutz mit Plastikhaube notwendig, bis Austrieb sich anzeigt.

wenigen funktionsfähigen Wurzeln noch nicht soviel Wasser oder Nährlösung aufnehmen, wie die Blätter oben durch ihre Spaltöffnungen verdunsten. Hier hilft die bekannte Plastikhülle, mit Rundgummi am Gefäßrand befestigt, zur Erzielung jener »gespannten Luft«, die genügend Feuchtigkeit enthält.

Zum Abstützen der Hülle Holzstäbe meiden; ich nehme dafür Trinkröhrchen aus Kunststoff.

Steht die Pflanze gesund da oder zeigt gar schon Austrieb, so wird nach 10–12 Tagen zunächst durch teilweises Lüften abgehärtet, später die Hülle ganz entfernt. Eine bota-

Hydro-Kinderstube: Vermehrung

nisch richtige Klassifizierung der Stecklinge ist manchmal nicht ganz einfach, weil manche Pflanzen auf verschiedene Weise vermehrt werden können. Nehmen wir nur den *Philodendron* als Beispiel. Abgesehen davon, daß man besonders die einfacheren grünblättrigen Arten leicht aus den im Exotenhandel erhältlichen Samen vermehren kann, ergeben Triebspitzen gute Kopfstecklinge. Sie bewurzeln um so besser, wenn noch ein paar Luftwurzeln dran sind. Man lenkt sie in ein Extragefäß mit Wasser nebst einer Prise LEWATIT HD 5, so daß sie von dort aus das noch unvollkommene Pumpwerk bis in die Trieb-

spitze mit versorgen. Von Philos, Dieffenbachien, auch holzigen Pflanzen – Musterbeispiele die Stammstücke unserer Modelieblinge Drazänen und Yucca – können durch Zerlegen der »Stämme« oft bis auf einige Zentimeter Länge beliebig viele **Stammschnittlinge** gemacht werden. Sie sind leicht zu bewurzeln, wenn man – vor allem bei den Warmhauspflanzen – einen »warmen Fuß« von 25–30 °C (nicht mehr!) geben kann.

Eine Sache für sich ist noch das **Abmoosen** von Kopftrieben zu hoch gewordener Triebspitzen vor allem beim Gummibaum. Es wird leider nicht immer richtig dargestellt: dort,

Die Wachsblume erwies sich als »Stammschnittling«, der am oberen Ende Wurzeln trug.

Beim Einsetzen entgegen der Triebrichtung war die umgekehrte Blattrichtung lästig.

Hydro-Kinderstube: Vermehrung

wo dicht unter dem 3. oder 4. Blattknoten von oben zwecks Wurzelbildung und späterer Lostrennung hälftig eingeschnitten werden soll, muß der Schnitt waagrecht (nicht schräg nach oben) liegen. Früher klemmte man hier einen flachen Stein dazwischen – heute tut es ein Stückchen Alu-Folie, die das obere Stammstück mit den Blättern nicht wegdrückt, wie dies auch bei schrägem Schnitt nebst eingeklemmtem Keil nicht auszuschließen ist. Das beste Substrat zum Einhüllen der Schnittstelle ist immer noch feuchtes *Sphagnum* (Sumpfmoos, das Substrat der Orchideen), ersatzweise Torf, kein Waldmoos.

Eine Sache für sich sind auch **Blattstecklinge:** sie bilden an entsprechend kurz (je nach Größe einige Zentimeter lang) abgeschnittenen Blattstielen Kallus und treiben dann Wurzeln. Zuerst als Ausnahme das zusammengerollte Gummibaumblatt: sein Stiel wird nicht gekürzt, sondern braucht eine Triebknospe (Auge), um nicht nur Wurzeln zu bilden, sondern aus dem »Auge« eine Pflanze zu entwickeln. Andernfalls lebt nur das Blatt aus seiner Wurzel oft lange Zeit, aber sonst passiert nichts weiter.

Echte Blattstecklinge lassen sich auch aus Peperomien- und Begonien-Blattstielen ziehen.

Erst recht beim Auffüllen durfte kein Blatt geknickt oder gar »beerdigt« werden.

Fertig zum Weiterwachsen im Kulturtopf! Die weißen Blattflecken sind pflanzentypisch.

Hydro-Kinderstube: Vermehrung

Besonders geeignet für Vermehrung in Hydro sind Gesneriengewächse – allen voran das Usambaraveilchen. Was man da mit ein paar nicht zu langstieligen Blattstecklingen erzielen kann, ist kaum zu übertreffen.

Anders als bei sonstigen Stecklingen – siehe S. 106 – soll hier das wassergefüllte Glas mit einem Stück Plastikfolie überspannt werden; Befestigung mit Rundgummi.

Man sticht zwei oder drei Löcher hinein und steckt Stiele von zwei oder drei kräftig-gesunden Blättern zu zwei Dritteln durch die Löcher ins Wasser. Standort: hell und warm, keine direkte Sonne. Die ersten Würzelchen erscheinen meist innerhalb weniger Tage. Bester Zeitpunkt: Frühjahr, dann können bis Weihnachten vielleicht schon erste Blüten kommen. Übrigens: zwei gut bewurzelte Blätter im Kulturtopf sind genug. Blähton vorher durchspülen, Wasserstand je nach Länge der Wurzeln etwas erhöhen.

Erwähnt werden müssen noch die **»Kindel«,** jene Wurzelsprößlinge, wie sie an Bromelien, Klivien und einigen anderen Zimmerpflanzen erscheinen. Wer in falsch verstandenem Vermehrungswahn die Kleinen zu früh abnimmt, wird nur schlechten, meist nicht blühwilligen Nachwuchs erzielen.

Wer diesen Vermehrungswahn aber bezähmt, kann in Hydrokultur Familienfreuden mit Schaupflanzen des Blühens erleben.

Eine *Vriesea splendens,* das »Flammende Schwert« auf Seite 68, ist ein Musterbeispiel dafür.
Kindel oder Tochterpflanzen sind ja eigentlich auch die schon besprochenen Gebilde an den Blütentrieben des *Chlorophytum,* die leicht vermehrbaren Ausläufer einiger Farne wie *Nephrolepis,* der Schwertfarn. Sehr begehrt ist seine Zuchtform 'Teddy Junior', von der

Links dreiblättrige Brutzwiebel, am Zwiebelhals austreibender zweiter Blütenschaft, rechts über Wasserstandsanzeiger Ende des ersten Blütenschaftes.

Hydro-Kinderstube: Vermehrung

Das schon fast übergroße Blatt der Brutzwiebel links ließ Vollreife mit Wurzeln erwarten.

Um die Brutzwiebel freizulegen, mußte man ein Stück vom Kulturtopf herausschneiden.

ein Prachtexemplar aus meinem Besitz auf Seite 61 zu sehen ist. Da die leichte und hocherfreuliche Vermehrbarkeit der Kakteen und anderen Sukkulenten im Rahmen unserer Pflanzenauswahl ab Seite 72 mit besprochen wird, bleibt hier nur mehr der Blick auf die **Brutzwiebeln** übrig. Die großen Vorzüge der Zwiebelblumen in Hydrokultur wurden schon bei der Pflanzenauswahl erörtert. Sie beziehen sich auch auf die Vermehrung mit ihren Brutzwiebeln, die von den entsprechenden Arten – voran Amaryllis, *Hippeastrum* – so leicht zu entnehmen und heranzuziehen sind. Der Kulturtopf sollte gleich groß genug sein, damit er auf Jahre ausreicht. Der erste niedliche Blütenstand pflegt nach 2–3 Jahren zu erscheinen. Bis dahin muß die Zwiebel durchkultiviert werden, – also ohne spätsommerliches Einziehen der Blätter und ohne Ruhezeit bei normaler Pflege im Zimmer überwintern.

Vermehrung aus Samen ist ansich auch einfach: Der im Reifezustand weit herausragende Stempel braucht nur mit Pollen der eigenen oder einer fremden Blüte bestäubt zu werden. Die Entwicklung der tiefbraunen, pfennigartigen Samen dauert aber mit ungewissem Blütenerfolg so lange, daß man sie lieber den großen Zuchtbetrieben überlassen sollte. Die verstehen sich bestimmt besser darauf . . .

Hydro-Kinderstube: Vermehrung

Lostrennen der freigelegten Brutzwiebel mit einem scharfen Küchenmesser...

Operation gelungen – und schöne, vielverästelte Wurzeln hat sie auch schon.

Gute Brutzwiebelergebnisse dagegen bringen auch die Amaryllisgewächse *Crinum,* Hakenlilie, *Hymenocallis,* Schönhäutchen, *Sprekelia,* die als »kleine Amaryllis« zur Zeit sehr beliebte *Cyranthus* (syn. *Vallota*) und die zu den Liliengewächsen zählende *Veltheimia* oder »Winterrakete«.

Entnahme der Brutzwiebeln jeweils bei voller Ausreifung nach der Blüte. Umsetzen von Mutterzwiebeln stets nur vor Treibbeginn nach der Ruhezeit.

Beim Einsetzen ins neue Gefäß kommt zum Abtrocknen die Schnittstelle nach oben.

Hydrokultur im Freien

Spitzname: »Das Bahn-steig-Klavier«

Lange Zeit galt Hydrokultur im Freien als problematisch. Vatter in Bern entwickelte als erster die Methode der »Überlauflöcher« mit Gummistöpseln für den Wechsel zwischen Sommer- und Winter-Wasserstand. Daß man mit einiger Mühe hier auch zu Dauer-Erfolg kommt, beweist der 310 qm große, jetzt über zehnjährige Hydro-Dachgarten auf dem Berner Wohnhaus des Firmenchefs.

Zuverlässiger und viel bequemer ist der Einsatz von 50-Liter-HYDRO-TANKS mit beliebig großer Wasser-bevorratung. Beispiel: die fünf-jährige Anlage der Bundesbahn auf dem Hauptbahnhof Mannheim.

Es geht nicht ohne Pflanzenschutz

Als 1967 mein erstes Buch über die Hydrokultur erschien, hieß dieses Kapitel »Pflanzenschutz nur ganz am Rande«, und es wurde darin betont, welch ein Riesen-Unterschied auch hier zwischen der von Schadorganismen aller Art wimmelnden Erdkultur und der sozusagen »chemisch reinen« Erdelosen Pflanzenpflege bestünde. Der damals noch relativ kleine Kreis unentwegter Hydrofreunde durfte im großen Ganzen auch wirklich davon überzeugt sein, im Rahmen seiner Erkenntnisse den in Gesteinssplitt wurzelnden, bei häufigem Wechsel mit Nährlösung versorgten Gewächsen die auch heute nach wie vor zitierten »optimalen Lebensbedingungen« zu bieten: pilzlichen und bakteriellen Krankheitserregern und

Beim Hibiskus befallen die Blattläuse nicht nur Jungtriebe und Blätter, sondern auch Blüten; häufigste Ursache: zu warmer Winterstandort, Lufttrockenheit. Bei Lichtmangel auch Abfall der Blütenknospen.

den meisten Schadinsekten war so gut wie jede Angriffsmöglichkeit entzogen. Dennoch hieß es schon damals: »Auch im Bereich der Hydrokultur sind nicht lauter Meister am Werk...« und »Befallserscheinungen besonders an den oberirdischen Pflanzenteilen sind nicht ganz auszuschließen, zumal auch mit der Einschleppung des einen oder anderen Schmarotzers und sonstigen Zufällen gerechnet werden muß.«
Waren schon seinerzeit nicht lauter Meister am Werk, so tragen heute, wo die Hydrokultur an Ausdehnung nach allen Richtungen gewaltig zugenommen hat, noch andere Faktoren zum Schädlingsbefall bei.

»Optimale Pflege« sollte zwar alle Pflanzen so widerstandsfähig machen, daß sie jeden »Schwächeparasiten« aus eigener Kraft abwehren können.

Aber dieser ehrenwerte Grundsatz geht in vieler Hinsicht doch am Pflanzenalltag vorbei. Denn ehe ein Gewächs in optimaler Pflege zu solcher Abwehr erstarkt, hat es doch manches Risiko zu bestehen. Nehmen wir nur einmal an, trotz vorbildlicher Pflanzenhygiene in der Hydrogärtnerei wäre infolge der dort unvermeidlichen Monokultur vieler gleichartiger Pflanzen Befall eingeschleppt worden: Rote Spinne oder Thrips oder eine der Arten von Pflanzenläusen wäre beim Kauf

Es geht nicht ohne Pflanzenschutz

»durchgewitscht«. Dann kann sich so ein Befall umso besser breitmachen, wenn ihn Pflegefehler unterstützen. Daher die Regel:

Echter Pflanzenschutz ist nicht kurzfristiges »Wegspritzen«, sondern sorgfältige Ursachenbekämpfung.

Stellen Sie also nicht nur fest, um was für einen Befall es sich handelt, sondern prüfen Sie vor allem, ob die Grundfaktoren des Gedeihens für die betreffende Pflanze stimmen: Licht, Wärme, Standort, vor allem: ausreichende Ernährung und richtiger – lieber knapper als zu hoher – Nährlösungsstand.

Welche Hilfsmittel – vom Luxmeter bis zum MERCKOQUANT-Stäbchen oder Nachmessen mit dem guten, alten Holzstäbchen statt Verlaß auf einen vielleicht nicht mehr richtig funktionierenden Wasserstands-Anzeiger – hier zur Verfügung stehen, ist schon mehrfach und mit Nachdruck erwähnt worden.

Die kritische Zeit für viele Hydropflanzen, die keine eigentliche Ruhezeit bei niedrigen Temperaturen von 10–15 °C und fast völligem Nährlösungsentzug brauchen, sind die Wintermonate. Trockene, zu warme Zimmerluft wirkt sich hier – auch in Hydro – ebenso schädlich aus wie der Aufenthalt in einem zu kühlen Raum mit »kalten Füßen« in zuviel Nährlösung. Sind im ersten Fall Geilwuchs und Schädlingsbefall

Woll- und Schmierläuse an der Blattunterseite von *Vriesea splendens*. Typisch der weißwollige Wachsflaum.

Schildläuse an der Blattunterseite eines Nestfarn-Wedels: ihr derber Rückenschild weicht am besten durch Systemschutz S-Hydro.

Es geht nicht ohne Pflanzenschutz

fast unvermeidlich, so gibt es im zweiten Fall faulende Wurzeln, tiefgreifende Schwächung und allgemeines Versagen bis zu völliger Erschöpfung und Eingehen.

Die hier in Farbaufnahmen gezeigten Schädlinge befallen selbstverständlich nicht nur die genannte Pflanze, sondern auch viele andere aus unserem Sortiment.

Dies bedeutet: Sie können beispielsweise die Schildlaus, den Thrips oder die mit Recht so gefürchtete Rote Spinne ebensogut

Der Thrips oder Blasenfuß – hier deutlich erkennbar am silbrigen Glanz des Gummibaum-Blattes – hat sich leider zum häufigen Gast der Hydrokultur-Anzuchtstätten entwickelt und wandert von dort ungewollt auch in andere Gebiete ein.

an Drazänen, Philodendren, auch Kakteen und anderen Sukkulenten finden. Ebenso kommen die Blattlaus nebst den Woll- und Schmierläusen an vielen anderen Zierpflanzen vor, scheiden dort aus dem Darm den als »Honigtau« bekannten, klebrig-süßen Saft aus, der durch Hinzukommen von Schwärzepilzen verschmutzt und dann »Rußtau« genannt wird. Beide sind harmlos und durch Abwaschen mit lauwarmem Wasser von den Pflanzen wie von Möbelstücken ohne weiteres zu entfernen.

Aber Achtung! Honigtau ist Warnsignal für stärkeren Läusebefall. Große Pflanzen *(Ficus benjamina, Schefflera)* in der Badewanne lauwarm säubern (Gefäßoberfläche vorher mit Plastik abdecken). Dann erst Spritzmittel anwenden.

Zur Bekämpfung von Schädlingen der hier gezeigten und genannten Arten gibt es natürlich Mittel genug, aber nicht alle helfen, und nicht jede Pflanze verträgt jedes, was vor allem bei den berühmt-berüchtigten Zusammenpflanzungen in Kleingefäßen wie auch bei Großgefäßen beachtet werden muß. Hilfe aus der Spraydose kann allgemein schädlich wirken, wenn man beim Sprühen nicht genügend Abstand wahrt und durch das Treibmittel verbrennungsähnliche Kälteschocks mit Blattschäden hervorruft. Abstand beim Sprühen mindestens 30 cm.

Es geht nicht ohne Pflanzenschutz

Die Rote Spinne ist mit bloßem Auge kaum erkennbar. Links unbefallenes, rechts rötlich scheinendes *Aphelandra*-Blatt.

Erst die Vergrößerung kennzeichnet ihr verderbliches Wirken, das heute bei Hydrokultur besonders lästig fällt.

Ausgezeichnet in seiner Wirkung besonders gegen Pflanzenläuse ist das von der WACKER-CHEMIE AG in München speziell für Hydrokultur entwickelte, als SYSTEMSCHUTZ D-HYDRO bekannte Präparat. Bei anderen saugenden Insekten ist die Wirkung auch gut, aber langsamer. Auf jeden Fall bedeutet die innertherapeutische Anwendung durch Zugabe zur Nährlösung jeder Art einen großen Fortschritt. Gebrauchsanweisung für kleinste Mengen genau befolgen!

Tatsache: Die Rote Spinne oder Spinnmilbe ist kein Insekt, sondern gehört zu den Spinnentieren, spricht daher auf übliche Insektenmittel nicht immer an.

Gelegentlich in Erwägung gezogener Einsatz von importierten Raubmilben zu ihrer »biologischen Bekämpfung« kommt für Hausgebrauch und Hydrokultur leider nicht in Frage.
Fachliche Beratung über jeweils von der Biologischen Bundesanstalt zugelassene Mittel ist besser...
Allerdings hat es auch damit seine Schwierigkeiten, denn obwohl sich hier manche Entwicklungen anzubahnen scheinen, konnte eine schon lange geforderte Spezialabteilung für Hydro-Pflanzenschutz bei der BBA bisher noch nicht durchgesetzt werden. Auch fehlt ganz dringend das von Fachleuten und Hydrofreunden erwartete systemische Mittel gegen den Erzfeind

Es geht nicht ohne Pflanzenschutz

»Roter Brenner«: an Amaryllis- und auch anderen Zwiebeln eingeschleppt, im Bild links und rechts vorn als rote Flecken erkennbar, ruft später an den Blütenschäften Aufweichen des Gewebes, Schiefwachsen und Umsinken hervor. Deutlich erkrankte Pflanzen am besten ausmerzen.

Mehltau an Elatior-Begonie, so gut wie der Anfang vom Ende; Vorläufer einer tödlichen Stengel- oder Wurzelhals-Bakteriose.

Rote Spinne, und man behilft sich so gut es geht für den Zimmergebrauch mit den nicht immer geeigneten Spraydosen in Variationen. Außer Betracht bleibt sie, wenn es um eine Pilzerkrankung wie den »Roten Brenner« geht, der übrigens nicht nur die Amaryllis, *Hippeastrum,* sondern auch andere, für die Hydrokultur interessante Zwiebelblumen befallen kann. Vielmehr: schon vorhandene gesunde Zwiebeln werden kaum befallen, – es sei

Es geht nicht ohne Pflanzenschutz

denn, man bekommt jenen Pilz *Stagonospora* bei Zukauf beispielsweise eines *Crinum,* Hakenlilie, einer *Sprekelia,* Jakobslilie, oder gar einer zierlichen *Cyrtanthus* mitgeliefert. Ich muß bekennen, daß sich bei meinen zum Teil über 10 Jahre alten Zwiebelpflanzen noch nie eine Spur von Rotem Brenner gezeigt hat. Fachleute führen das neuerdings stärkere Auftreten der Krankheit auf Massenzucht in Monokultur zurück. Sie wird als unheilbar bezeichnet. Ähnliches gilt ja auch, wenn bei der Elatior-Begonie – ob in Erde, ob in Hydro – erst einmal der kaum vermeidliche Mehltau eingesetzt hat. Fast immer kann man – besonders in Hydro – durch Spritzen mit einem der bewährten Mittel gegen Echten Mehltau einen Anfangserfolg erzielen, doch der Mehltau ist eigentlich nur der Vorreiter jener tückischen Stengel-Bakteriose, die unmittelbar über dem Wurzelhals einsetzt, so daß ein Austrieb nach dem andern zusammenbricht.

Auch hier gibt es keine Rettung, sondern nur schnellstes Ausmerzen der todkranken Pflanze.

Zuletzt die zu den Ur-Insekten zählenden Springschwänze oder Weißen Würmchen: ihre Zuneigung zur Hydrokultur ist eines der erstaunlichsten Beispiele moderner Anpassungsfähigkeit, denn früher, als es die Gefäße mit Nährlösung noch nicht gab, lebten sie – wie teils auch heute noch – in übernäßten Blumentöpfen mit torfiger Erde, aber auch im Kompost und im Misthaufen. Ihre Schadwirkung ist relativ gering; sie zu vertreiben bedarf es keiner chemischen Präparate wie UNDEN FLÜSSIG, sondern es genügen ein paar Tropfen – aber wirklich je nach Gefäßgröße und Nährlösungsmenge nur ein paar Tropfen – eines jener Geschirrspülmittel, die als legitime Nachfolger des guten alten »Pril« gelten dürfen und ganz einfach die Oberfläche des Wassers (vielmehr der Nährlösung) entspannen. Dadurch machen sie sämtlichen Springschwänzen den Garaus.

Eingeschleppte Springschwänze oder Weiße Würmchen (nat. Gr. 1–3 mm) in der Nährlösung sind relativ harmlos und leicht zu bekämpfen.

Die leidigen Kulturfehler

Kulturfehler sind nicht nur im Bereich der Hydrokultur alle jene kleinen und großen Versehen, die selbst dem sorgfältigsten, von bester Sachkenntnis erfüllten Menschen passieren können. Sie lösen – natürlich unbeabsichtigt – bei den Pflanzen oft völlig unerwartete Reaktionen aus. Und die Ursache ist oft schwer zu finden.

Denn solche Pflanzenschäden lassen fast immer ein Entweder-Oder zu, wobei auch der große unbekannte Schädling vorkommt.

Mit der schlimmste Kulturfehler ist die Vergeßlichkeit. Wenn kein Wekker weckt, kein Summer dran erin-

Laubfall bei einer *Schefflera* im zeitigen Frühjahr – vermutlich durch zu kühle Überwinterung unter 12 °C: kann schlagartigen Verlust fast aller Blätter zur Folge haben.

nert, kein Notizblock als Gedächtnishilfe zur Hand liegt, können selbst die an sich seltenen Trockenschäden mit hängenden Blättern, fallenden Blütenknospen eintreten. Trotz Einstellen des Kulturtopfes in vorgewärmtes Wasser erwachsen dann oft genug nicht mehr heilbare Folgen.

Beste Abhilfe: ein Terminkalender nach eigener Erfahrung.

Und natürlich lieber einmal mehr Nachschau halten. Am Wasserstandsanzeiger klopfen, den Schwimmer beobachten. Und im Notfall zur alten Methode des Nachmessens mit einem trockenen Stäbchen zurückkehren: Generationen von erfolgreichen Hydrofreunden haben sich damit geholfen. Es gab ja früher nichts anderes! Blattglanzmittel, deren gute Seiten nicht verkannt sein sollen, werden nur von hartlaubigen Pflanzen und nur bei Besprühen der Blatt-Oberseiten vertragen.

Mitbehandeln der Blatt-Unterseite verstopft die Poren und schädigt durch Stören der Blattatmung.

Milch, Bier oder gar Öl sind zum »Glänzen« streng verboten. Große, feste Blätter reinigt man immer noch am besten mit dem in lauwarmes Wasser getauchten Wattebäuschchen. Aber damit sind wir schon so weit im Gebiet der Haus-

Die leidigen Kulturfehler

mittel, daß es mitten in die allgemeine Zimmerpflanzenpflege führt.
Und die beherrschen wir bekanntlich ja sowieso...

Wichtig bleibt immer wieder, die
große Dreiheit Licht, Wärme und
Wasserstand in ihrer Abhängigkeit
von einander genau zu beachten.

Das zeigt sich besonders deutlich
bei einer sehr kulturfehlerreichen
Gelegenheit: dem Urlaub. Es sei zunächst auf das Kapitel vom Umstellen verwiesen und gefordert, daß
die Umstellung spätestens 8 Wochen vor Urlaubsantritt vorgenom-
men wird. Nur dann zeigt es sich
schon, ob der Neuling das »Risiko«
überwunden hat und auch kleine Ur-
laubs-Einschränkungen ohne Rückschläge durchhalten wird.
Für die Abwesenheit: bei Kleingefäßen mit geringem Nährlösungsvor-
rat die Kulturtöpfe entnehmen, in
flachen Schalen als Staubecken zusammenfassen. Höhe des Wasserstandes hängt von Pflanzengröße,
Licht und Wärme ab. Bester »Ur-
laubswart« ist der HYDRO-TANK: aber
bei wochenlang geschlossenen Roll-
läden versagen auch seine Vorzüge.

Wichtiger Rat: Zimmerpflanzen
nicht in frisch gestrichene oder ta-
pezierte Räume stellen: schwerste
Schäden durch die Dämpfe moderner Dispersionsfarben, ebenso
Kleber neuer Teppichböden. Frist
mindestens 14 Tage.

Diese *Aglaonema*-Hybride 'Silverking' war ein
bildschönes, kerngesundes Weihnachtsge-
schenk. Anderthalb Jahre später sah sie aus
wie unten: mehrere Kulturfehler waren schuld!

Die leidigen Kulturfehler

Wer denkt schon daran, wenn Handwerker kommen oder Möbelpacker das Umzugsgut abladen ... Eine recht unvernünftige Werbung behauptet zwar schier unverfroren, daß »Hydropflanzen sich selbst versorgen«. Aber das stimmt nicht. Sie tun es nicht ganz allein. Wer auf die Dauer Freude an ihrem Gedeihen haben will, der muß auch bereit sein, die an sich einfachen Regeln ihrer Pflege zu befolgen. Wer aber die »Hydrokultur langweilig findet«, weil sie »zu wenig Arbeit macht«, der wandelt ganz sicher auf dem Holzweg, denn dies ist kein stichhaltiges Argument. Auch zum Leben in Blähton brauchen die Pflanzen ja ihre Menschen und vermutlich sogar ein wenig Liebe.

Bezugsquellen/Adressen für Rat und Hilfe

Es kann nicht verwundern, daß die Garten- und Baumärkte als wichtigste Hydroanbieter nichts alle führen können. Was aber, wenn notwendiges Zubehör im Handel nicht zu haben ist? Die Liste gibt Rat, per Fax in Windeseile.

zu Seite 4 (Text zu Foto auf Seite 2):
Die eleganten ehemaligen **Viessmann Gefäße** aus Polyurethan arco, plantell usw. werden jetzt von der Firma
Rainer Weiss GmbH, Sägmühlstraße 41 D-74930 Ittlingen, Tel.: 07266/9149-0, Fax: 07266/9149-12 hergestellt.

zu Seite 22:
Edelstahl-Gefäße mit Messingring werden angeboten von
Günter Mohr GmbH, Pappelallee 39a D-80995 München, Tel.: 089/1502051, Fax: 089/1507821

zu Seite 26:
Das **Sprühgerät Hi.Sprayer** aus Japan wird von der Firma
Paul Hübecker GmbH & Co. KG Rosenstraße 77, D-47918 Tönisvorst Tel.: 02151/709030, Fax 02151/709034 vertrieben (geschäftl. Anfragen).
Zum Absprühen von Blattpflanzen besser weitgehend entsalztes (destilliertes) Wasser einfüllen. Transportable Pflanzen den Sommer über in den Regen stellen.

zu Seite 30 ff. bzw. Seite 35:
Hydro Tank Dr. W. Blaicher Postfach 109, D-67142 Deidesheim Tel.: 06326-4141, Fax: 06326/4123

zu Seite 41 und 44:
Teststäbchen für Wasserhärten, pH und Nitrat gibt es von der
VDSF Verlags- und Vertriebs-GmbH Siemensstraße 11–13 D-63071 Offenbach Tel.: 069/855006, Fax: 069/873770

zu Seite 98:
Wärmematten:
Witte + Sutor GmbH, Postfach 1354 D-71536 Murrhardt Tel.: 07192/7051, Fax: 07192/1523

Heizkabel und Thermostate:
Kuno Krieger GmbH, Postfach 1361 D-58311 Herdecke/Ruhr Tel.: 02330/7691, Fax: 02330/73067

zu Seite 101:
Pflanzenbeleuchtung Osram Floraset-F OSRAM GmbH, D-81536 München Tel.: 089/6213-2225, Fax: 089/6212/2070

zu Seite 116 ff.:
Biologischer Pflanzenschutz, Nützlinge:
W. Neudorff GmbH KG Postfach 1209, D-31857 Emmerthal Tel.: 05155/62423 und 62460, Fax: 05155/62457

Liebhaber-Vereinigung
Deutsche Gesellschaft für Hydrokultur e.V Präsident: Heinrich Bömken Kurt-Schumacher-Straße 36 D-45699 Herten Tel.: 02366/35172, Fax: 02366/885592

Register

Die in dem Kapitel »Unsere Pflanzenauswahl« auf den Seiten 52–87 besprochenen Pflanzen sowie die gärtnerischen Fachbegriffe von Seite 124 sind hier nur zum Teil enthalten, da man sie an Ort und Stelle leicht auffindet. Fettgedruckte Zahlen bedeuten Hauptverweisung oder Bild.

A
Adenium 81
Adhäsion 25
Abmoosen 110
Aechmea fasciata 68
Aglaonema 123
Agrikulturchemie 8
Aktivkohle 40
Algen 22, 106
Aloë 33
Alter 47, 74, 83
Amaryllis 16, **82,** 92, 113, 114
Ampel 28
Anthurium 22, **67**
Aqua dest. 42
Aquakultur 10
AQUISAL 41
Areca-Palme 12, 103
Aristoteles 8
Aronstabgewächse 54, 66
Azalee 22, 40

B
Badethermometer 94
Bahnsteiganlage 36, 115
Bambusstäbe 26, 90
Basaltsplitt 38
Baumann, Gerhard 38
Beaucarnea 76
Begleitpflanzen **12,** 58, 66, 87
Begonien **69, 88**
Bepflanzung 30
Bergpalme 55
Bezugsquelle 35
Biolog. Bundesanstalt 119
Blähton 26, **36,** 84, 90, 91, 105
Blasenfuß 118
Blattbegonie 16, 71, 111
Blattfahne **54,** 66
Blattglanzmittel 54, 122

Blattkakteen 75
Blattlaus 116
Blattsteckling 111
Blütenpflanzen 52, 60, **64,** 66, 75, 82, 104
Blumenspritze 26, 99
Blumenzwiebeln 16, **82**
Bodenatmung 17
Bodendecker 13, 58
Bodenprofil 30
Bodenthermometer 29
Bodenwärme 98, 104, 108
Bohnen 104
Bromelien **67,** 113
Brutzwiebel 104, **113**

C
Caladium 13
Chamaedorea 26, **55**
Chlorophytum 63, 105, 112
Christusdorn **13, 63, 64, 79,** 80
× *Citrofortunella* **66**
Codiaeum 13, **33, 55**
Crassula arborea 79
Cyrtanthus **83,** 114

D
Deutsche Eiche 79
Dieffenbachia 52, 53, **62,** 63, 110
dH (deutsche Härte) 40
Dispersionsfarben 123
Dizygotheca 12, 61
Dracaena 21, 69, **88,** 110
Durchlüftung 19

E
Einbau-HYDRO-TANK **32, 35, 103,** 104, 105
Einblatt **54,** 66
Einjahrspflanzen 13, 88
Efeu 13
Efeu, Afrikanischer 46, 81

Elatior-Begonie 30, 70, **88,** 120
Epiphyten 84
Epipremnum 13
Erbsen 105
Erdbromelie 69
Ersäufen 39, 94
ETERNIT-Gefäße 22
Euphorbie (Sukk.) 13, 74, 79
Euphorbia grandicornis 74
Euphorbia lactea 63, 78, 79
Euphorbia-Lomii-Hybride **13, 32, 79**
Euphorbia tirucalli 78
Exotenhandel 110

F
Farn 22, 33, **61,** 113
Fäulnis 14, 21, 90, 91, 104, 117
Ficus benjamina 22, **59,** 97
Ficus pumila 12, **102**
Ficus schrijveriana **58**
FLORASET 101
FLORASIX 100
Flüssigkonzentrat **42,** 70, 74, 106
Folie 21
Freilandanlage 115
Frischhaltemittel 106

G
Geilwuchs 117
Geranienstecklinge 106
Gesnerienstecklinge 112
Gericke, F. W., Prof. 8
Gesamthärtetest 41
Geschirrspülmittel 121
Geweihfarn 13
Gewürzkräuter 105
Gießen 17, 47

Register

Gießkanne 27
Gitteranzuchttöpfe 91, 104
Glasgefäße 22
GRODAN 91
Großgefäße **16, 19, 21,** 22, **23, 35, 53,** 59, **76, 89**
Gummibaum 110, 111
Gurke, blühend **20**

H
Handelsrisiko 46
Hausenthärtungsanlagen 42
Heizung 98
Hibiskus **64,** 116
Himmelfahrtsinsel 8
Hochblätter 66
Holzstäbe 26, **90,** 91
Honigtau 118
Hoya carnosa 60, **71**
Hoya carnosa var. **60**
Hundsgiftgewächse 80
Hydrogefäße **18,** 88, 92, 93
Hydroponic 8, 9, 38
HYDRO-TANK 9, 11, 17, 19, **30,** 70, 72, **102,** 115, 123
HYDRO-TANK 'Mini' **20, 33, 74**
HYGRENO 18

I
Immergrün 81
Ionenaustauscher 38, **42,** 70
Iresine herbstii **27,** 108, 109

K
Kälteschock 48, 94, 118
Kakteen 16, 45, **72,** 99, 114
Kakteengärtchen 107
Kalanchoë beharensis **80**
Kalkflecken 99
Kallus 108
kalte Füße 14, 56, 95, 98, 99, 117
Kamelie 40
Kapillarität 37

Keimling 104, 107
Keramik 20
Kindel 69, 112
Kleingewächshaus **9,** 104, 105
Kletterphilo 13
Klivie 112
Knop, Prof. 8
konservative Methode 42, 103
Kopfstecklinge 108
Kranzschlinge 51
Kräuterset 107
Kroton 13, **33, 55**
Kulturfehler 16, 47, 90, **122**
Kulturtopf 13, **18,** 30, 34, 38, 49, 88, 92, 93, 102, 113
Kunstlicht 16, **100**

L
Lackanstrich 21
Langzeitbewässerung 93
lebensmittelecht 18, 21, 90
Laubfall 21, 122
Lecadan 36
Leitungswasser 42, 48
LENI-Gefäße 23
LENI-Nährstoff 45
LECA-Ton 36
Leea rubra 33
LEWATIT HD 5 26, 38, **42,** 45, **96,** 103, 106
Licht 16, **100,** 104, 123
Lichtmangel 16, 98, 99
Lichtmarke 16
Lichtmesser 88, 100, 117
Lichtwendigkeit 16
Liebig, Justus von 8
Luftbefeuchtung 26, 99
Luftfeuchtigkeit 17, 34, 56, **99**
Luftwurzeln 55, 110
LUWASA-Gefäße 20, 28, 50
LUWASA-Vollnahrung 44
Luxmeter 88, 100, 117

M
Madagaskar-Palme **53, 80**
Makramee 28, 29
Marmor 22
Mehltau 120, 121
MERCKOQUANT **41,** 90, 117
Meßstab 117, 122
Milchsaft 80
Mistelfeige 12
Monokultur 116, 121
Monstera **56, 57**
Mutterpflanze 69, 108
Mutterzwiebel 115

N
Nährlösung 8, 14, **30, 40,** 70, 103
Nährstoffbatterie 18, **45,** 96, 103
Nährstoffverbrauch 45
Nitrat-Test 42, 44
Nitrit 90
Nutzpflanzen 9
Nolina 76
Normhöhen 18

O
Oleander 81
Orangenbäumchen **66**
Orchideen 45, 64, **84,** 103
Osmunda 86
Osterkaktus 75

P
Pachypodium **80**
Pandanus **4,** 59
Passionsblume 16, 95, 104
Peperomie 111
Pflanzenauswahl 14
Pflanzenhygiene 116
Pflanzenschutz 99, **116**
pH-Wert 40
Phalaenopsis 34, **84**
Philodendron 22, 40, **56,** 57, 58, **61,** 97, 99, 110
Photosynthese 16
Phototropismus 16

Register

Pilzerkrankung 120
Porzellan 21
Pumpe 26

Q
Quarzkiesel 38

R
Raubmilben 119
Regenwasser 40
Regranulat 20
Reinigung 42, 90, 96
Rhapis **22**
Rossioglossum 86
»Roter Brenner« 120
Rote Spinne 26, 116, 119
Rückschnitt 49, 55, 58, **97**
Ruhezeit 14, 45, 60, 82,
    86, 95, **98**, 103, 114
Rußtau 118

S
Sachs, Prof. 8
Salzreste 42, 70, 95, 96
Samen 20, 104, **107**, 110,
    114
Sauerstoff **30**, 39
Schadinsekten 116
Schädlinge 99
Schefflera **53**, 54, 97
Schildlaus 117
Schlafende Augen 55
Schmierseife 88
Schnee 40
Schwächeparasiten 99,
    116
Scindapsus 13, 20, 88,
    108
Senecio 46, 81
Spathiphyllum **54**, 66
Sphagnum 86, 111
Spinnmilbe 119
Springschwänze 121
Spurenelemente 42
Stäbe **27**, 50, **91**
Stammschnittling 110
Standort 14, 50, 83, 99
Stecklinge 13, 20, 91, 92,
    104, 107

Steinfußböden 14, 98
Steinwolle 91
Stephanotis 51
Strauchbegonien **70**
Substrat 30, 36
Sukkulenten 16, 45, **72**,
    99, 114
Syngonium 20
Systemschutz D-Hydro
    119

T
»Teebeutelchen« **45**, 96,
    102
Teilung 104
Temperatur 14, 117
Thrips 116
Tischgefäß 19, 31
Tomate **9**, 104
Tradeskantie 108
Triebknospe (Auge) 111
Triebsteckling 106
Trinkwasser 96
Trockenruhe 99
Trockenschäden 122
TWL 28, 54, 58

U
Übergießen 10, 39
Überlauflöcher 115
Überwintern 98
Umsetzen 86, **92**
Umstellen 46
Urlaub 123
Usambaraveilchen 16, 64,
    65, 112

V
Verdunstung 39
Verdunstungsschutz
    108
Vergrünen 16
Verlausung 54, 117
Veltheimia 115
Vermehrung 104
Vitamine 42
Vriesea splendens 68,
    112, 117

W
Wachsblume 13, **51**, 60,
    71, 76, 106, **110**, **111**
Wachstumsfaktoren 14
Wachstumsrhythmus 47,
    64, 82, 83
Wandberankung 60
Wandhänger 28
Warmer Fuß 110
Wasser 40, 94
Wasserbeschaffenheit 10
Wasser, destilliertes 42
Wasserhärte 40
Wasserstand 16, 17, **31**,
    39, 50, 74, 82, 84, 93, 98,
    103, 108, 117, 123
Wasserstandsanzeiger 10,
    24, 30, 102, 117, 122
Wegwerfpflanzen 13, 88
Weihnachtskaktus 75
Weihnachtsnarzissen 17
Weiße Würmchen 121
Winterpflege 98
Wolfsmilchgewächse 79
Woll- und Schmierlaus
    117
Wüstenrose **81**
Wurzel 10, 17, 39, 48, 97
Wurzelhaare 17, 84
Wurzelhals 74, 91
Wurzelschäden 26, 50, 70,
    96
Wurzelwachstum 19, **30**
Wurzelziehen 107

Y
Yucca **21**, **55**, 110

Z
Zimmerpflanzenpflege 40
zimmerwarm 94
Zubehör **24**, 94, 98, 100
Zusammenpflanzen **12**,
    92, 102
Zuschlagstoff 38
Zwiebelblumen 82, 113,
    114

Mit Zimmerpflanzen schöner wohnen

Karlheinz Jacobi

Das farbige Hausbuch der Zimmerpflanzen

.Karlheinz Jacobi
**Das farbige Hausbuch
der Zimmerpflanzen**
Die schönsten Zimmerpflanzen von
A – Z mit Wissenswertem zur Pflanze
und Informationen zur Pflege;
Grundlagen der Zimmerpflanzenpflege – von Erde und Düngung bis
zu Pflanzenschutz und Hydrokultur.

Elisabeth Manke
1 x 1 der Zimmerpflanzenpflege
Alle Bereiche der Zimmerpflanzenpflege – von Standort, Erde, Dünger,
Wasser und Licht bis zu Gefäßen,
Anzucht, Vermehrung und Pflanzenschutz; Pflanzenporträts; Arbeitskalender.

Elisabeth Manke
Palmen und Zimmerbäume
Ausführliche Pflanzenporträts; Infor-
mationen zu Herkunft, botanischen
Besonderheiten, Standort, Pflege,
Düngung, Anzucht, Vermehrung,
Pflanzenschutz; Arbeitskalender.

Elisabeth Manke
Kakteen. Sukkulenten
Geschichte und Herkunft, Grund-
bedürfnisse an Standort und Pflege,
die wichtigsten und häufigsten
Arten im ausführlichen Porträt,
Pflegekalender, Fachbegriffe.

Jörn Pinske
Orchideen
Orchideen für Fensterbank, Pflanzen-
vitrine und Wintergarten: Botanik,
Standort und Kulturansprüche, die
wichtigsten Arten im ausführlichen
Porträt mit Pflegeanleitung.

Harry Tomlinson
Das BLV Bonsai-Handbuch
Fernöstlicher Zauber – die Kunst des
Bonsai: das Praxisbuch für Anfänger
und Fortgeschrittene mit ausführ-
lichen Porträts von 65 Bonsai-Bäumen
und -Sträuchern sowie Schritt-für-
Schritt-Anleitungen zu Gestaltung,
Schnitt und Pflege.